国家级优秀教学成果奖

“十二五”普通高等教育本科国家级规划教材　配套参考书

中国人民大学会计系列教材

《管理会计学（第9版·立体化数字教材版）》

学习指导书

孙茂竹　支晓强　戴　璐　编著

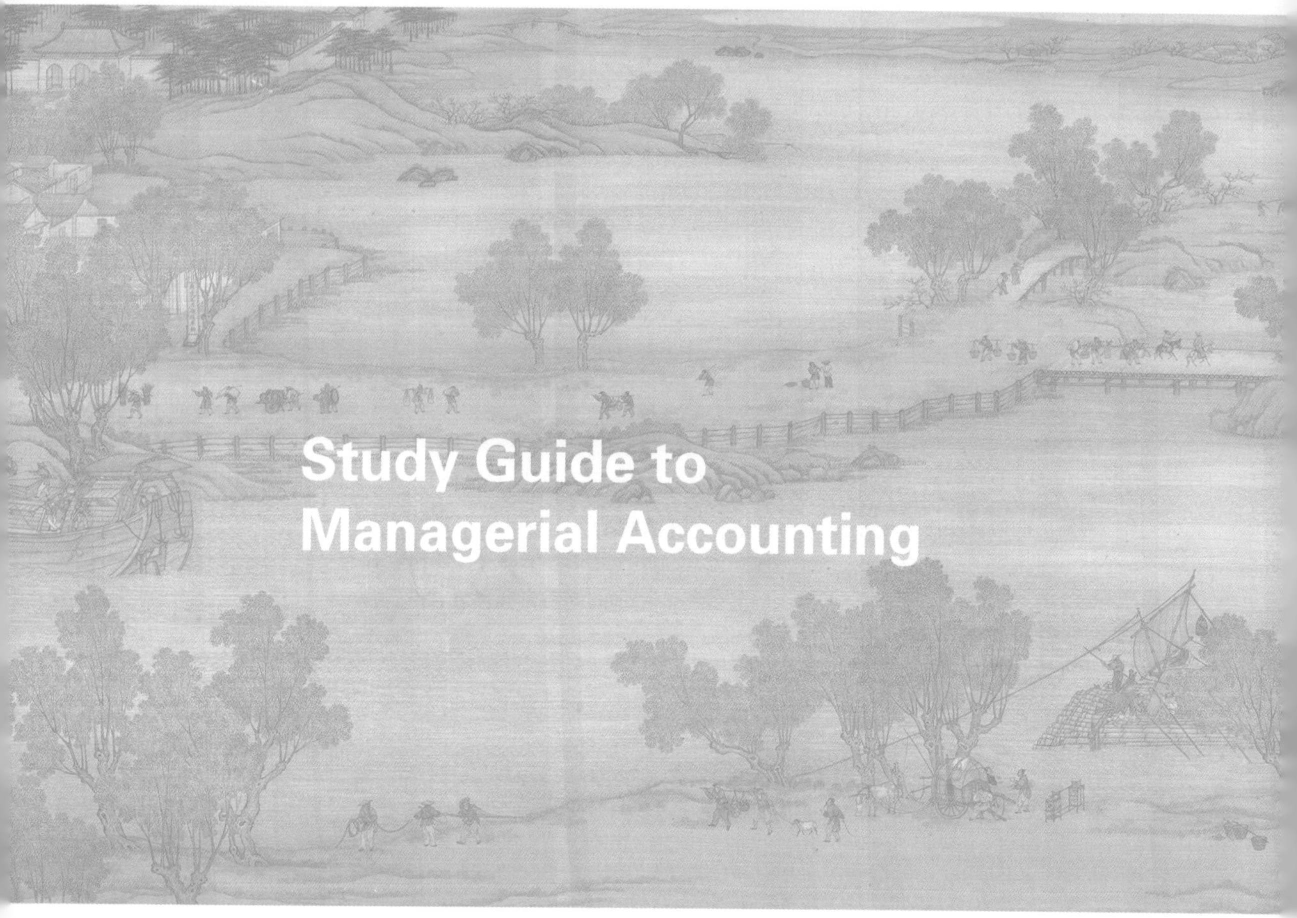

Study Guide to Managerial Accounting

中国人民大学出版社
·北京·

总　序

中国人民大学会计系列教材（以下简称系列教材）自1993年推出第1版至今，已有20余年了。这期间我国经济实现了高速发展，会计制度与会计准则也发生了巨大变化，大学会计教育无论从规模还是质量来看都有了长足的进步。回顾20余年的发展历程，从系列教材的第1版到现在呈现在读者面前的第8版，我们都在努力适应会计环境和教育环境的变化，尽可能满足高校会计教学的需要。

系列教材第1版是由我国当时的重大会计改革催生的。那次会计改革的"一个显著特点是国家会计管理部门改变了新中国成立以来一直沿用的通过制定和审定分部门的会计制度来规范各基层单位会计工作的模式，代之以制定所有企业均适用的会计准则来指导会计核算工作的模式"（阎达五，系列教材第1版总序）。我们在编写时关注两个重点：一是适应我国会计制度的转变，教材的编写遵循1992年颁布的"两则两制"的要求；二是教材之间尽可能避免重复。第1版包括9本教材，即《初级会计学》《财务会计学》《成本会计学》《经营决策会计学》《责任会计学》《高级会计学》《财务管理学》《审计学》《计算机会计学》。

系列教材第2版从1997年10月起陆续出版。为适应各院校的课程开设需要，将《经营决策会计学》与《责任会计学》合并为《管理会计学》。

系列教材第3版从2001年11月起陆续出版。"第3版修订工作除了因国家修订《会计法》、国务院颁布《企业财务会计报告条例》、财政部修订和颁布《企业具体会计准则》以及颁布新的《企业会计制度》等法律法规需要进一步协调原教材与现行规章制度不够衔接之处外，还尽可能吸收了国内外财会理论界所取得的一些新的理论研究成果"（阎达五，系列教材第3版总序）。

系列教材第4版从2006年7月起陆续出版。第4版进一步修订了教材与2007年1月1日开始实施的新《企业会计准则》和《注册会计师审计准则》之间的不协调之处，并将《计算机会计学》变更为《会计信息系统》。

系列教材第5版从2009年6月起陆续出版。第5版对《高级会计学》《财务管理学》《财务会计学》等书的框架结构做了较大调整，新增《会计学（非专业用）》一书。

系列教材第6版从2012年6月起陆续出版。针对教育部强化本科教育实务性、应用性的要求，新增"简明"和"模拟实训"两个子系列，并为《初级会计学》和《成本会计学》配备实训资料，提供教学用PPT、学习指导书等教辅资源。

系列教材第7版从2014年4月起陆续出版。内容上及时反映了《公司法》(2013年修正）的变动，深入阐释了财政部自2014年1月以来先后发布的7项新会计准则。此外，新增《财务报表分析》一书。教辅资源更加丰富、实用。

系列教材第8版从2017年8月起陆续出版。体现了营改增、会计准则等多项财税法规的最新动态，其中《初级会计学》修订至第10版，《财务会计学》修订至第12版，并新增《政府与非营利组织会计》一书。

当今社会，大学生的就业压力很大，就业市场对大学教育的影响日益增大。具体到会计学专业，一个突出的表现是注册会计师考试对大学会计教育的影响上。在关注学生参加注册会计师考试这一客观需要的同时，系列教材更加重视学生的长远发展，以及学生基本素质和能力的培养。注册会计师考试注重现行法律法规等规定理所当然，但大学会计教育不能局限于对现行法律法规的介绍与解释，而应当更加重视培养学生发现问题、分析问题和解决问题的能力。究其原因，一是社会经济环境日趋复杂，对会计专业人才的要求不断提高。随着信息技术的快速发展，很多技能性的会计核算工作逐渐被计算机替代，会计工作的重点由核算转向管理是一种必然的趋势。这就要求我们将人才培养的重点由核算型转向管理型。二是会计规范形式已经由会计制度转向会计准则，这也要求会计专业人员具有更强的职业判断能力。为了培养学生处理复杂业务和适应环境变化的能力，在教材的编写和使用中重视以问题为导向，可能是一种有效的方法。为此，系列教材的修订更多注重引导学生积极思考，将对会计准则等法规的介绍和解释融入对会计基本理论的阐释和对解决问题的探索之中。

在教材编写和使用过程中，我们更加重视同一门课程内容的前后联系以及各门课程之间的内在关联，以更好地帮助学生把握相关专业知识的系统性和整体性，努力避免局部知识之间相互隔离、彼此割裂。

中国人民大学会计系列教材是在我国著名会计学家阎达五教授等老一辈会计学者的精心呵护下诞生，在广大兄弟院校的大力支持下逐渐成长的。我们衷心希望系列教材第8版能够继续得到大家的认可，也诚恳地希望大家多提改进建议，以便我们在今后的修订中不断完善。

中国人民大学会计系

前言

本书是《管理会计学（第 9 版·立体化数字教材版）》配套的学习指导书，用于教材内容的课外学习。本书的修订和完善是为了提高教材及其配套的质量，更好地服务于读者。本版学习指导书主要是结合《管理会计学（第 9 版·立体化数字教材版）》的修订以及不断提高习题和分析案例质量的原则，做了相应修订。具体如下：

1. 基于教材修订内容对学习指导书中各章的习题做了修正、补充和完善，对错误进行了更正，对不完善之处进行了补充和修正。

2. 基于教材的新增章节，新增了第 12 章习题。

3. 更新了部分案例素材，重点关注案例表述的准确和分析思路的清晰，希望可以为学生提供更准确、实用的课外学习资料，推动课内外学习与思考的有机结合。

在本书的修订中，宋怡林、李宬锐、邓湉也、卞晓妍等同学参与了教材配套的复核、校对工作以及配套课件的制作，在此表示真诚的感谢。

在本书的使用过程中，许多热心读者提出了宝贵的意见和建议，本书作者也充分参考这些意见和建议，在本版学习指导书中做出了相应的修订，在此一并感谢广大读者的关爱和支持。

由于作者水平有限，不当之处在所难免，恳请读者批评指正，多提宝贵意见，以推动管理会计学教材配套的质量不断提升，更好地服务于读者。

编者

目 录

第1章 管理会计概论

Chapter 1

学习目标

本章主要帮助同学们掌握管理会计的基本理论体系，为学习以后各章内容提供理论依据。通过本章的学习，同学们应初步了解、掌握管理会计的基本理论问题，包括：管理会计的定义，管理会计的形成和发展，管理会计的基本理论结构，管理会计与财务会计、财务管理的区别与联系等内容。

学习指导

1. 学习重点

（1）了解管理会计的形成和发展过程，从本质上把握管理会计的价值管理内涵，使之区别于财务会计、财务管理。

（2）在本章学习的基础上，对管理会计的基本理论体系有所了解，为以后各章学习及管理会计实践奠定理论基础，培养同学们的归纳和演绎能力。

（3）掌握以使用价值优化为手段、价值最大增值为目标的管理会计运用理念，并在以后各章学习中予以体验、总结和升华，形成能力，提升素质。

（4）在了解管理会计与财务会计、财务管理的区别与联系的基础上，培养以价值增值为目标的信息整合能力。

2. 学习难点

对于刚接触管理会计的学生来说，最难之处在于不了解企业，不了解企业的业务活动，不了解企业业务活动带来的各种运动（物流、资金流、信息流、价值流）及其之间的相互关系，因此理解和掌握管理会计的基本理论体系是比较困难的。在学习过程中，最好深入一个企业（或一个行业），了解该企业业务活动带来的各种运动（物流、资金流、信息流、价值流）及其之间的相互关系，并注意循序渐进，将教材内容和作业相结合。

练习题

一、名词解释

1. 管理会计
2. 官僚学派
3. 科学管理学派
4. 行政管理学派
5. 行为科学
6. 战略管理
7. 价值链分析
8. SWOT 分析
9. 管理会计的对象
10. 管理会计循环

二、判断题（正确的划√，错误的划×）

1. 在广义管理会计的范围内，管理会计既包括财务会计，又包括成本会计和财务管理。（　）

2. 管理会计是以使用价值管理为基础的价值管理活动。（　）

3. 战略管理会计认为，有效的评价并不在于使用财务指标还是非财务指标，而在于它能够发现企业存在的问题。（　）

4. 管理会计的最终目标是实现价值的最大增值。（　）

5. 管理会计与财务会计对企业的经营活动及其他经济事项的确认标准是一致的。（　）

6. 管理会计的计量基础不是历史成本，而是现行成本或未来现金流量的现值。（　）

7. 管理会计与财务会计相比，管理会计的职能倾向于对未来的预测、决策，财务会计的职能侧重于核算和监督。（　）

8. 管理会计既要提供反映企业整体情况的信息，又要提供反映企业内部各责任单位经营活动情况的信息；财务会计以企业为会计主体，提供反映整个企业财务状况、经营成果和资金变动的会计信息。（　）

9. 管理会计受会计准则、会计制度的制约，同时企业亦可根据管理的实际情况和需要确定其处理方法。（　）

10. 战略管理会计与企业战略管理密切联系，它运用灵活多样的方法收集、加工、整理与战略管理相关的各种信息，并据此协助企业管理层确立战略目标，进行战略规划并评价企业的管理业绩。（　）

11. 管理会计提交报告的对象局限于企业内部各管理层次。（　）

12. 凡是资产，都是企业的资源。（　）

13. 资产的价值取决于购买，如购买一个水杯，花了100元，其价值就是

100 元。（ ）

14. 管理会计致力于使用价值生产和交换过程的优化（这是基础）以及价值管理（这是根本）。（ ）

15. 资源的价值取决于资源使用的效率，效率越高则经济效益越好。（ ）

16. 流程是指完成一项工作所需要做的作业及其相互衔接的顺序，管理会计研究流程主要是为了解决做什么的问题。（ ）

17. 管理会计、财务会计、财务管理的本质是相同的，因为它们都是会计学的分支。（ ）

18. 如果严格遵守会计准则和会计制度，资产是不会高估或低估的。（ ）

19. 虽然财务管理、管理会计与财务会计有内外之分，但服务对象并不是绝对和唯一的。（ ）

三、单项选择题

1. 下列项目中不属于管理会计基本特征的是（ ）。

A. 预测 B. 计量 C. 估值 D. 计量和估值

2. 管理会计（ ）。

A. 具有统一性和规范性 B. 必须遵循公认会计准则

C. 基于使用价值进行价值管理 D. 方法单一

3. 管理会计的服务侧重于（ ）。

A. 股东 B. 外部集团

C. 债权人 D. 企业内部的经营管理

4. 下列项目中不属于广义管理会计的核心内容的是（ ）。

A. 以企业为主体展开管理活动 B. 协调财务会计与业务活动

C. 为管理者及利益相关者服务 D. 提供货币性和非货币性信息

5. 从管理体现经济效益的角度来看，管理会计的对象是（ ）。

A. 企业生产经营活动 B. 以使用价值管理为基础的价值活动

C. 企业的资金运动 D. 企业的会计信息

6. 管理会计与财务会计的关系是（ ）。

A. 起源相同、目标不同

B. 目标相同、基本信息同源

C. 基本信息不同源、服务对象交叉

D. 服务对象交叉、概念完全相同

7. 管理会计的最终目标是（ ）。

A. 实现价值的最大增值 B. 为管理和决策提供信息

C. 参与企业的经营管理 D. 为资本市场的有效管理提供信息

8. 下面各学派中，影响以预测、决策为基本特征的管理会计的是（ ）。

A. 官僚学派　B. 科学管理学派
C. 行为科学　D. 行政管理学派

9. 管理会计的最终对象是企业的（　　）。
A. 生产经营活动　B. 使用价值的生产和交换过程
C. 价值的转移和增值过程　D. 资金运动

10. 管理会计研究作业，是为了在管理的最小单位解决（　　）的问题。
A. 做不做　B. 做什么
C. 怎么做　D. 做得如何

四、多项选择题

1. 下列项目中可以作为管理会计的主体的有（　　）。
A. 企业整体　B. 分厂
C. 车间　D. 班组
E. 个人

2. 下列关于管理会计的叙述中，正确的有（　　）。
A. 提供的信息相对精确　B. 可以提供未来信息
C. 以责任单位为主体　D. 必须严格遵守公认会计准则
E. 重视管理过程和职工的作用

3. 现代管理会计的主要特点体现在（　　）。
A. 同时兼顾企业生产经营的整体和局部
B. 侧重为企业内部的经营管理服务
C. 广泛地应用数学方法
D. 方式方法更为灵活多样
E. 注重历史描述

4. 下列各项中属于管理会计与财务会计的区别的有（　　）。
A. 会计主体不同　B. 基本职能不同
C. 工作依据不同　D. 具体工作目标不同
E. 方法及程序不同

5. 管理会计循环包括（　　）。
A. 预算编制　B. 考核
C. 过程控制　D. 估值
E. 报告

6. 管理会计应向各级管理人员提供（　　）。
A. 与预算、过程控制、报告、考核有关的各类信息
B. 历史信息和未来信息
C. 与维护企业资产安全、完整及资源有效利用有关的各类信息

D. 与股东、债权人及其他外部利益关系者的决策有关的信息

E. 经营管理者所需要的全部信息

7. 狭义管理会计的核心内容包括（　　）。

A. 以企业为主体

B. 为企业管理当局的管理目标服务

C. 是一个信息系统

D. 为股东、债权人、制度制定机构及税务等非管理机构服务

E. 以市场为主体活动

8. 广义管理会计的核心内容包括（　　）。

A. 以企业为主体展开活动

B. 既为企业管理当局的目标服务，同时也为股东、债权人、制度制定机构及税务等非管理机构服务

C. 所提供的信息包括用来解释实际和计划所必需的货币性和非货币性信息

D. 内容上，既包括财务会计，又包括成本会计和财务管理

E. 以市场为主体活动

9. 在以成本控制为基本特征的管理会计阶段，对管理会计形成较大影响的理论学派有（　　）。

A. 官僚学派　　B. 科学管理学派

C. 凯恩斯主义学派　　D. 行政管理学派

E. 供给学派

10. 在以成本控制为基本特征的管理会计阶段，管理会计的主要内容包括（　　）。

A. 标准成本　　B. 预算控制

C. 预算　　D. 决策

E. 差异分析

11. 在以预测、决策为基本特征的管理会计阶段，管理会计的主要内容包括（　　）。

A. 预算　　B. 控制

C. 预测　　D. 考核和评价

E. 决策

12. 管理会计的基本特征包括（　　）。

A. 计量　　B. 报告

C. 预算　　D. 估值

E. 确认

13. 管理会计的作用基点包括（　　）。

A. 资源　　B. 信息
C. 作业　　D. 流程
E. 业务

14. 企业的生产经营活动是管理学各门课程共同研究的对象，但各门课程之所以能够相互区分开来，是因为它们（　　）研究问题。

A. 基于不同目的　　B. 从不同角度
C. 采用不同方法　　D. 在不同层面
E. 以不同部门

15. 管理会计以（　　）为主体，通过计量和估值，对企业的价值转移和价值增值活动进行规划和控制，以实现价值最大化。

A. 企业　　B. 企业内部的责任单位
C. 投资者　　D. 债权人
E. 国家管理部门

16. 作为营利组织，企业的管理会计（　　）实现价值最大增值的目的。

A. 以生产经营活动中价值形成和价值增值过程为对象
B. 通过对使用价值的生产和交换过程的优化
C. 提供信息
D. 参与决策
E. 进行管理

17. 业财技融合必然基于管理会计对象的（　　）等基本表现进行计量、估值得以实现。

A. 资源　　B. 作业
C. 流程　　D. 资产
E. 权益

18. 资源的价值取决于（　　），它们共同构成了经济效益的内涵。

A. 资源使用的效率　　B. 资源使用的效果
C. 资源的数量　　D. 资源的构成
E. 资源的质量

19. 按照对价值的贡献，作业可以区分为（　　）。

A. 增值作业　　B. 不增值作业
C. 低增值作业　　D. 高增值作业
E. 无效率作业

20. 现代会计包括（　　）。

A. 财务会计　　B. 管理会计
C. 财务管理　　D. 审计

E. 环境会计

21. 管理会计活动是由企业的（　）组织和落实的。

A. 业务部门　　B. 财务部门

C. 会计部门　　D. 审计部门

E. 计划部门

五、简答题

1. 从标准成本法到责任成本法再到作业成本法的管理会计发展和演变过程给我们带来哪些启示？

2. 什么是纵向价值链？纵向价值链分析的主要内容和目的是什么？

3. 什么是横向价值链？横向价值链分析的主要内容和目的是什么？

4. 什么是内部价值链？内部价值链分析的主要内容和目的是什么？

5. 为什么管理会计的对象是以使用价值管理为基础的价值管理？请说明理由。

6. 请说明资源、作业、流程之间的关系。

7. 研究管理会计与财务会计、财务管理的关系有何意义？

练习题参考答案

一、名词解释

1. 管理会计，是以使用价值管理为基础的价值管理活动，它运用一系列专门的概念和方法，通过确认、计量、估值，为预算编制、过程控制、报告和考核提供信息，并参与企业经营管理。

2. 官僚学派，强调企业有一个正式的、机械性的组织结构，并由组织中的统治集团实行控制。这种控制要通过以下四个方面实现：1）劳动分工；2）规范化的权力体制；3）经营过程的规划与标准；4）工作责任的详细说明。

3. 科学管理学派，该理论旨在解决如何提高生产和工作效率，并认为对于完成每项工作来说总存在一个“最佳途径”，管理的职责在于为工作提供明确的指导，选拔最适合该项工作的工人来完成该项工作，并用最有效的方法对这些工人进行培训。同时，假设工人只受经济奖励的激励，即如果工人生产的产品产量达到最大化、最有效率，那么就会得到最高的报酬。

4. 行政管理学派，该学派的重点不是经营水平的最大效率问题，而是注重组织内较高一级的管理问题。20 世纪 20 年代，法约尔发展了一系列管理原则，强调劳动分工、个人权责的明确划分、命令与纪律、集权以及个人的首创精神与集体团结精神。到 20 世纪 60 年代，该学派进一步发展，包括金字塔组织结构学说、管理控制跨度的限制、平行协调与工人参与，以及权力的上下分派以保证下属人员愿意接受管理权威，等等。斯隆将协调分权的概念加以公式化，说明经营活动的分权化与政策决策的集权化是组织管理的一种极为有效的手段。

5. 行为科学，是运用心理学、社会学、社会心理学等方面的研究成果，研究人的各种行为的规律性，分析人产生各种行为的客观原因和主观动机的一门科学。行为科学认为，不能把员工看作只追求经济利益的“经济人”，而应看作有感情、思想、需要、爱好及主动性、积极性的“社会人”；企业是一个社会组织，从长远的观点看，企业的目标应该是长期健康发展。行为科学旨在创造一种适当的激励机制，充分发挥各方面的积极性和创造性，不断增强企业的活力和凝聚力，为企业长期健康发展提供有力的组织保障。

6. 战略管理，是管理者在确立企业长期目标，综合分析内外相关因素的基础上，制定达到目标的战略，并执行和控制整个战略的实施过程。

7. 价值链分析，由迈克尔·波特于1985年提出。他将一个企业的经营活动分解为若干与战略性相关的价值活动，每一种价值活动都会对企业的相对成本产生影响，进而成为企业采取差异化战略的基础。

8. SWOT分析，SWOT是英文strength（优势）、weakness（劣势）、opportunity（机会）、threat（威胁）的首字母的组合，SWOT分析旨在确认企业各项经营业务面临的优势与劣势、机会与威胁，并据此选择企业战略。

9. 管理会计的对象，是以使用价值管理为基础的价值管理。

10. 管理会计循环，又称管理会计的实施过程，包括四个循环环节：预算编制、过程控制、报告和考核。

二、判断题

1. √	2. √	3. √	4. √
5. ×	6. √	7. √	8. √
9. ×	10. √	11. ×	12. ×
13. ×	14. √	15. ×	16. ×
17. ×	18. ×	19. √	

三、单项选择题

1. A	2. C	3. D	4. B
5. B	6. B	7. A	8. C
9. A	10. A		

四、多项选择题

1. ABCDE	2. ABCE	3. ABCD	4. ABCDE
5. ABCE	6. ABCD	7. ABC	8. ABCD
9. ABD	10. ABE	11. ABCDE	12. AD
13. ACD	14. ABCDE	15. AB	16. ABCD
17. ABC	18. AB	19. ABCD	20. ABC
21. ABCDE			

五、简答题

1. 从标准成本法到责任成本法再到作业成本法的管理会计发展和演变过程给我们带来哪些启示？

答：启示在于：

（1）管理会计是为了适应企业内部管理的需要而产生和发展起来的，与人们对管理本质的不断深刻认识过程密切相关。

（2）管理会计是基于使用价值的优化达到价值最大化的统一体，从标准成本法重视使用价值的管理（表现为生产经营过程的标准化、程序化，最终形成标准成本管理），到责任成本法重视过程中人的管理（表现为以责、权统一为基础的责任成本核算与管理），再到作业成本法将使用价值的管理（表现为将人的责任和生产经营过程的价值创造相结合的流程管理、作业管理）与过程中人的管理结合起来，无一不体现价值最大化的目的。

（3）管理会计致力于将内部管理与对外报告、战略规划与战术安排有效结合起来，以形成完整、有效的管理会计系统，提供信息，参与管理。

2. 什么是纵向价值链？纵向价值链分析的主要内容和目的是什么？

答：纵向价值链将最终产品看作一系列价值活动的集合体，企业只是整个价值链中的一环或几环。这样，企业可以从整体价值链上分析本企业生产产品的成本和收益，从合理分享利润的角度进行战略规划。

企业价值链与供应商价值链之间的联系可以通过采购活动实现，与顾客价值链之间的联系则通过销售和服务活动实现。这种联系可以向上延伸至原材料的最初生产者（或供应者），向下延伸到使用产成品的最终用户，形成一条从原材料投入到产成品提供给最终用户的所有价值转移和增值环节构成的纵向价值链。例如，从勘探、采矿、炼铁、炼钢、轧钢、零部件制造、总装到销售，就是一条完整的汽车生产的纵向价值链。

纵向价值链分析旨在确定企业在哪一个或哪几个价值链环节中参与竞争，具体包括：（1）产业进入和产业退出的决策。企业可以通过对纵向价值链上不同产业在整个纵向价值链利润共享情况的分析，以及对该产业未来发展趋势的合理预期做出进入或者退出某一产业的战略决策。如冶金企业是否进入采矿业。（2）纵向整合的决策。即根据竞争战略和市场需求等在某一产业范围内对现有生产过程进行扩张或收缩。例如，纺纱厂是否向下游扩张进入织布或印染；纺纱厂是否将去籽转移给农民做等。

对纵向价值链的研究能保证企业准确确定市场定位。

3. 什么是横向价值链？横向价值链分析的主要内容和目的是什么？

答：某一最终产品的生产是由不同企业通过多种途径和组合方式来完成的，在整个社会空间上必然存在一系列互相平行的纵向价值链，所有互相平行的企业之间就形成了一种产业内的相互影响、相互作用的内在联系（即横向价值链）。这种横向价值联系实际是一个产业的内部联系，其相互影响和相互作用的结果决定了产业内部各企业之间的相对竞争地位，并对企业价值最大化的实现产生重要影响。例如，一汽、上汽、北汽等生产轿车的企业之间的关系，即为横向价值链。

横向价值链分析就是对一个产业内部的各个企业之间的相互作用的分析，通过横向价值链分析可以确定企业与竞争对手之间的差异，从而确定能够为企业取得相对竞争优势的战略。

对横向价值链的研究能保证企业准确确定竞争定位。

4. 什么是内部价值链？内部价值链分析的主要内容和目的是什么？

答：企业内部价值活动是企业在经济和技术上有明确界限的各项活动，是创造对顾客有价值产品的基础。这些相互联系的价值活动往往被看作服务于顾客需要而设计的一系列作业的集合体，并形成一个有机联系的作业链，即内部价值链。

企业内部价值链分析的主要内容包括：(1) 生产经营活动；(2) 基本职能活动；(3) 人力资源管理活动。

纵向价值链分析的结果在于确定企业应该生产什么，横向价值链分析则指出企业生产该种产品的竞争优势所在和相关的限制条件。上述分析的结果最终要通过企业内部价值链的优化来落实。

5. 为什么管理会计的对象是以使用价值管理为基础的价值管理？请说明理由。

答：(1) 从实质上讲，管理会计的对象是企业的生产经营活动。

(2) 从管理体现经济效益的角度来看，管理会计的对象是企业生产经营活动中的价值活动。在这一过程中，管理会计通过对使用价值的生产和交换过程的优化，提供信息并参与决策，以实现价值最大增值的目的。

(3) 从实践角度来看，管理会计的对象具有复合性的特点。一方面，管理会计致力于使用价值生产和交换过程的优化，强调加强作业管理，其目的在于提高生产和工作效率；另一方面，在价值形成和价值增值过程中，管理会计强调加强价值管理，其目的在于提高经济效益，实现价值的最大增值。因此，价值管理必然强调价值转移、价值增值与价值损耗之间的关系：价值转移是价值增值的前提，减少价值损耗是增加价值增值的手段。

正是管理会计对象所具有的复合性特征，才使作业管理和价值管理得以统一，并构成完整的管理会计对象。一方面，价值环节和价值链与作业环节和作业链密切联系，基本形成一一对应的关系；另一方面，价值的增值取决于作业环节的减少和无用作业的消除（当然，整个纵向价值链的优化也是价值增值的重要方面），因为作业环节的减少和无用作业的消除将减少资源的耗费，在整个纵向价值链的价值增值额不变的情况下，必然会增加企业的价值增值额。

6. 请说明资源、作业、流程之间的关系。

答：从资源、作业、流程之间的关系看（如图 1－1 所示）：作业消耗资源，因此资源是按消耗的种类和数量归集到作业上，形成作业成本；流程是连接作业和管理对象的桥梁，按照作业与管理对象的联系，最终作业在管理对象（如产品、服务、责任中心等）的引导下通过流程归集到管理对象上；产品消耗作业，因此作业成本是按管理对象消耗作业的种类和数量归集到管理对象上，形成管理对象的成本。

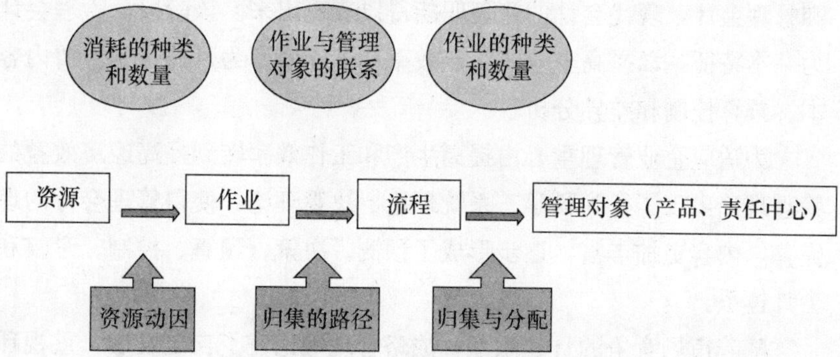

图 1－1　资源、作业、流程之间的关系

7. 研究管理会计与财务会计、财务管理的关系有何意义？

答：讨论管理会计与财务会计、财务管理的关系，不仅是为了从理论上把握它们各自的特定内涵，更重要的是在业财融合的目标下行之有效地开展会计工作，尤其是管理会计工作，充分发挥其价值创造的作用。研究区别，是为了明确各自的任务，做好本职工作：财务会计要提供与决策相关的信息，解决信息有用性问题；管理会计要利用信息有效拟订方案，优选方案，解决优化决策问题。研究联系，是为了分工基础上的有效合作。

教材习题解析

一、思考题

1. 对于关于管理会计定义的历史研究你有哪些思考和心得？

答：对管理会计的定义从狭义的管理会计阶段发展到广义的管理会计阶段，我们可以看出，这是一个广泛引入和应用相邻学科研究成果从而不断丰富学科本身内容的过程，是一个伴随着社会经济环境变化和经济管理理论等多学科理论的发展而发展的过程。

管理会计是适应企业管理发展的要求而产生和不断发展、完善的。新的管理理论的产生及推广运用总是源于企业实践的需要，并随着实践的发展而发展。相应地，管理会计的理论与技术方法也会随着管理理论的发展而发展，必然推动管理会计定义不断丰富、清晰、完整，促进管理会计基本理论框架的建立与完善。

所以，从管理会计定义的历史研究来看，结合管理会计各个阶段的变化和发展，我们可以更好地预测未来管理会计工作的变动趋势和管理会计今后研究的演变，除了解过往、以史为鉴，更重要的是寻找管理会计发展的动因和规律，并能够把握未来的发展方向。

2. 经济理论对管理会计的产生和发展有哪些重要影响？你从中得到哪些启示？

答：古典组织理论特别是科学管理理论的出现促使现代会计分化为财务会计和管理会计，现代会计的管理职能得以表现出来。该阶段，管理会计以成本控制为基本特征，以提高企业的生产效率和工作效率为目的，其主要内容包括标准成本、预算控制和差异分析。

为适应企业管理重心由提高生产和工作效率转到提高经济效益的需要，西方管理理论出现了行为科学、系统理论、决策理论，使得管理会计的理论体系逐渐完善，内容更加丰富，逐步形成了预测、决策、预算、控制、考核和评价的管理会计体系。

随着市场竞争的日趋激烈，战略管理理论有了长足发展，重视环境对企业经营的影响是企业战略管理的基本点。因而，战略管理会计运用灵活多样的方法，收集、加工、整理与战略管理相关的各种信息，并据此协助企业管理层确立战略目标，进行战略规划，评价管理业绩。

从中得到的启示：管理会计的历史证明，管理会计的形成和发展受社会实践及经济理论的双重影响。一方面，社会经济的发展要求加强企业管理；另一方面，经济理论的形成又使这种要求得以实现。管理会计在其形成和发展的各个阶段，无不体现着这两方面的影响。一方面，管理会计的理论和技术方法会随着管理理论的发展而发展；另一方面，只有新的管理会计的理论和技术方法发展了，才能满足新的管理理论实践的需要。在经济理论与管理会计演化的历史长河中，经济理论历来揭示经济的本质及运行目标，而管理会计则为体现这种本质并为其顺利运行提供理论和技术方法上的保障。

3. 如何理解管理会计对象的复合性？对复合性的正确把握有何意义？

答：从实践角度看，管理会计的对象具有复合性的特点。一方面，管理会计致力于使用价值生产和交换过程的优化，强调加强作业管理，其目的在于提高生产和工作效率。因此，作业管理必然强调有用作业和无用作业的区分，并致力于消除无用作业。为此，必须按生产经营的内在联系，设计作业环节和作业链，为作业管理和管理会计的实施奠定基础。可以说，作业管理使管理会计的重新构架成为可能。另一方面，在价值形成和价值增值过程中，管理会计强调加强价值管理，其目的在于提高经济效益，实现价值的最大增值。因此，价值管理必然强调价值转移、价值增值与价值损耗之间的关系：价值转移是价值增值的前提，减少价值损耗是价值增值的手段。为此，必须按照价值转移和增值的环节，设计价值环节和价值链。可以说，价值管理使管理会计的重新构架成为现实。

正是因为管理会计对象具有复合性，才使得作业管理和价值管理得以统一，并构成完整的管理会计对象，从而与其他学科区别开来。一方面，价值环节和价值链与作业环节和作业链密切联系，基本形成一一对应的关系；另一方面，价值的增值取决于作业环节的减少和无用作业的消除（当然，整个纵向价值链的优化也是价值增值的重要方面），因为作业环节的减少和无用作业的消除将减少资源的耗费，在整个纵向价值链的价值增值额不变的情况下，必然会增加企业的价值增值额。可以说，作业管理和价值管理是管理会计的两个轮子。

4. 从资源、作业、流程之间的关系出发，如何进行业财融合以提升价值？

答：企业生产的目的是利润，但利润的获取是以产品（即使用价值）的生产和交换为基础，因此也构成业财融合的基础。产品的生产和交换必然要消耗资源（即原材料、人工、设备等生产要素），从而形成收入和成本，影响利润。于是，在资源层面进行财务计算和决策，成为业财融合的首要思考。从生产的最小单元看，生产过程是由不同环节的工作（即作业）组成的，在作业层面区分增值作业和不增值作业、低增值作业和高增值作业，是业财融合的进一步思考。从业务活动的组织看，生产过程是由不同环节的工作（即作业）相互关联和作用而完成的，在组织层面确定流程优化和流程再造，是业财融合的深入思考。从资源到作业再到流程，是管理的合理逻辑，也是业财融合的必然之道。

5. 管理会计与财务会计在管理中能否结合应用？请举例予以说明。

答：管理会计与财务会计在管理中可以结合应用。

从会计职能角度看，财务会计与管理会计是互相渗透的。财务会计的职能是核算与监督，而管理会计的职能是计划、控制、决策。核算是为企业决策、计划奠定基础，而监督则是为企业在整个经济活动过程中的合理性、合法性和有效性进行的控制。管理会计经常直接应用财务会计的记账、算账和报账的资料进行分析研究，并根据这些资料进行必要的调整和延伸，使它们更有效地为加强企业内部管理服务。例如，在财务会计满足对外报表进行成本计算的过程中，管理会计运用标准成本法、责任成本法、作业成本法、质量成本管理、功能成本管理等一系列方法进行成本控制；在财务会计基础上，管理会计产生和发展了机会成本、固定成本和变动成本、付现成本和沉没成本、约束成本和酌量成本等进行预测和决策；在财务会计对企业生产经营活动进行事后核算的基础上，管理会计进行事前预测、事中控制、事后考核等。这些都反映了财务会计与管理会计的天然联系和自然结合，这为会计工作的重新思考和融合奠定了基础。

二、练习题

1. 答：

（1）从财务会计角度看，这样的结果是好的，因为实现利润3 000万元，净利润2 250万元，业绩表现良好。

（2）从财务管理角度看，如果甲企业1月1日实现销售收入1亿元，而这笔钱在12月31日才收到，由于权责发生制和收付实现制的差异，就会因账面利润导致损失（见图1-2）。

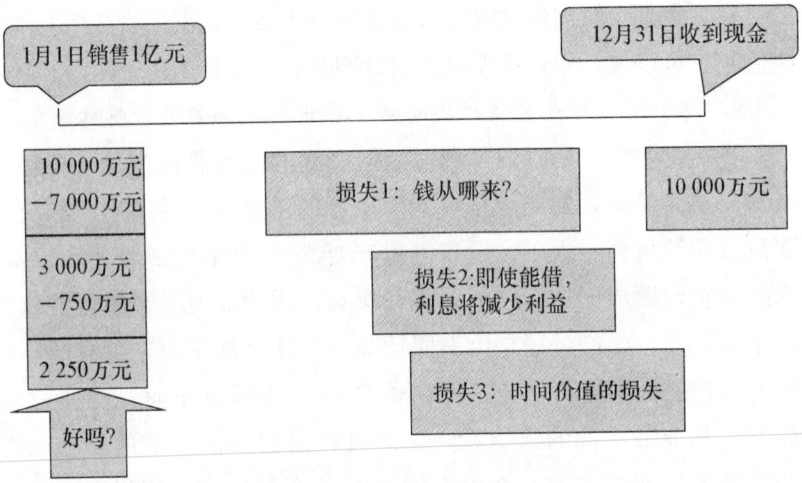

图1-2 账面利润导致的损失示意图

通过确认和计量，这种损失一般包括三个部分：

1）账面损失：如果借贷利率为7%，为维持简单再生产及缴纳税款需借款7 750万元，则账面可计量损失为542.5万元。

2）显性损失：如果该期间平均收益率为10%，则时间价值损失为909万元，于是可计量的显性损失为1 451.5万元（542.5+909）。

3）隐性损失：如果资金链断裂导致企业破产，则该项损失为隐性损失，既无法计量又无处反映，影响更大。

（3）从管理会计角度看，信息反映物流与资金流的不一致给企业造成重大损失，其中可计量的显性损失达到1 451.5万元。基于价值创造的思考，管理会计可以通过不同方案的设计和优选达到价值增值的目的。例如，销售部门首先应加强应收账款的管理，缩短收账时间，如采用现金折扣等方法；其次可以变应收为现金结算，如采用销售折扣等方法。

2. 答：

（1）从财务管理角度看，安邦集团是通过加杠杆（即利用负债）的方法来实现疯狂扩张。合理利用负债能使企业获得超额收益和实现扩张，但不合理利用负债也会对企业产生损害。过度负债（619亿元的注册资本，总资产却达到近2万亿元）可能对安邦集团造成致命损害。

（2）从财务会计角度看，对外投资采用成本法、权益法、合并报表等会计政策会直接影响账务处理及报表编制，并使安邦集团能够以很小的资本投入得以疯狂扩张。例如，除合并报表外，无论采用成本法还是权益法都无法完整、全面反映安邦集团真正的财务状况，从而为各种操纵提供了掩护。

（3）从管理会计角度看，除对外投资采用成本法或权益法带来的影响外，对于公司的投资（主要形成注册资本金）并不考虑资金的性质（无论是投资者的钱，还是借贷资本，在此都以注册资本的形式表现），因而集团公司往往能够以很少的自有资本驱动大量的借入资本。赚则两利，损则一损（借贷资本的损失），从而加大了风险。因此，应通过终极控制人披露的要求加强对诸如安邦集团、海航集团等的监管，保障企业的健康发展及资本市场的有效运行。

第 2 章

Chapter 2

成本性态与变动成本法

学习目标

本章致力于帮助学生理解管理会计领域的主要成本概念及其分类，具体包括经营决策中的成本概念、成本按性态分类等，通过掌握这些成本概念可以增进对企业成本变化规律的认识，如变动成本与固定成本的内在特点和变化规律等，引导学生将现实中的各类混合成本按照成本性态进行分解，并基于变动成本的范畴开展成本分析，即灵活地应用变动成本法于短期经营决策中，促使学生掌握变动成本法与财务会计领域的完全成本法的异同。

学习指导

1. 学习重点

（1）了解成本按经济用途分类、按性态分类和按管理需要分类的意义，为整合成本信息，理解和把握管理会计理论体系、内容体系和方法体系奠定基础。

（2）理解固定成本、变动成本和混合成本的定义、特性、内容和相关范围，为以后相关章节的学习及混合成本的分解奠定基础。

（3）掌握混合成本分解方法（历史成本法、账户分析法）的基本原理和优缺点，并能结合具体项目进行有效分解。

（4）掌握变动成本法和完全成本法的原理、特点及其差异。

2. 学习难点

（1）不同成本分类方法下不同成本概念的区别、联系及其应用环境，体现的是“不同目的、不同成本”的需要，应围绕这一阐述理解和把握。

（2）对变动成本法和完全成本法的理解和把握，重点不仅在于两者内容上的差异，而且是两者所带来的思维上的差异。因此，如何从一个全新的角度正确解释两者在产品成本构成内容、存货成本构成内容和各期损益影响等方面的差异，以及如何反思和运用变动成本法及完全成本法是一个实践难点，在学习过程中应多加注意。

练习题

一、名词解释

1. 固定成本　　2. 变动成本
3. 半变动成本　　4. 相关成本
5. 机会成本　　6. 边际成本
7. 沉没成本　　8. 付现成本
9. 变动成本法　　10. 完全成本法

二、判断题（正确的划√，错误的划×）

1. 间接人工是指为生产提供劳务而不直接进行产品制造的人工成本，如企业管理人员的工资。（　）

2. 生产自动化水平的提高会导致制造费用在生产成本总量中所占比重增大，生产专业化分工的加深会导致制造费用的形式更加间接化。（　）

3. 固定成本是指其总额在一定期间内不受业务量的影响而保持固定不变的成本。（　）

4. 若从单位业务量所负担固定成本多寡的角度来考察，固定成本则是一个变量。（　）

5. 约束性固定成本通常是由企业管理当局在每一个会计年度开始前制定年度预算，一旦预算制定之后，将对年度内固定成本的支出起约束作用。（　）

6. 由于酌量性固定成本的大小完全取决于管理当局的决定，它并不能形成顾客所认为的价值，因此，在进行成本控制时应尽量压缩其总量。（　）

7. 约束性固定成本作为经营能力成本这一属性决定了该项成本的预算期通常比较长，约束性固定成本预算应着眼于经济、合理地利用企业的生产经营能力。（　）

8. 酌量性固定成本与经营能力成本均与企业的业务量水平无直接关系。（　）

9. 相关成本与无关成本的区分并不是绝对的。（　）

10. 如果把不同产量作为不同方案来理解，边际成本实际上就是不同方案形成的差量成本。（　）

11. 变动成本还可以按其所涉及范围的大小，划分为专属成本和联合成本。（　）

12. 固定成本按照是否能够随管理行为改变而改变，划分为相关成本和无关成本两部分。（　）

13. 专门生产某种产品的专用设备折旧费、保险费属于该产品的专属成本。（　）

14. 联合成本是由多个产品或部门共同负担的成本，因此属于相关成本，决策时应予以考虑。（　）

15. 约束性成本不依经营管理者决策而发生变动，因此是无关成本，决策时不予考虑。（　）

16. 公司购买的可转让债券，既可以到期获得约定收益，又可以在未到期前中途转让获得转让收益，因而可能产生机会成本。（　）

17. 相关成本是对决策有影响的各种形式的未来成本。（　）

18. 如果一项资产只能用来实现某一职能而不能用于实现其他职能时，就不会产生机会成本。（　）

19. 机会成本是一项实际支出，应该登记入账。（　）

20. 在任何情况下，边际成本都与变动成本一致。（　）

21. 沉没成本是现在发生的、无法由现在或将来的任何决策所改变的成本。（　）

22. 付现成本与沉没成本的区别在于成本发生的时间不同。（　）

23. 在对混合成本进行分解时，账户分析法通常用于特定期间总成本的分解，而且对成本性态的确认，通常也只限于成本性态相对而言比较典型的成本项目。（　）

24. 当期初存货小于期末存货时，变动成本法下的期末存货计价小于完全成本法下的期末存货计价；当期初存货大于期末存货时，变动成本法下的期末存货计价大于完全成本法下的期末存货计价。（　）

25. 回归直线可以使各观测点的数据与直线相应各点的误差的平方和实现最小化。（　）

26. 用贡献毛益减去固定制造费用就是利润。（　）

27. 客观上，变动成本法有刺激销售的作用。也就是说，在一定意义上，变动成本法强调了固定制造费用对企业利润的影响。（　）

28. 完全成本法下对固定成本的补偿由当期销售的产品承担，期末未销售的产品与当期已销售的产品承担着不同的份额。（　）

29. 产销不平衡是导致变动成本法与完全成本法存在诸多差异的最直接、最根本的原因。（　）

三、单项选择题

1. 对直接人工、直接材料和制造费用的划分或三者的构成有直接影响的是（　　）。

A. 使用材料的政策　　B. 生产方式的改变和改进

C. 对固定资产的投资　　D. 产品品种结构的改变

2. 下列费用中属于酌量性固定成本的是（　　）。

A. 房屋及设备租金　　B. 技术开发费

C. 行政管理人员的薪酬　　D. 不动产税

3. 下列费用中属于约束性固定成本的是（　　）。

A. 照明费　　B. 广告费

C. 职工教育培训费　　D. 业务招待费

4. 下列各种混合成本可以用模型 $y=a+bx$ 表示的是（　　）。

A. 半固定成本　　B. 延伸变动成本

C. 半变动成本　　D. 阶梯式变动成本

5. 假设每个质检员最多检验 1 000 件产品，也就是说产量每增加 1 000 件就必须增加一名质检员，且在产量一旦突破 1 000 件的倍数时就必须增加。那么，该质检员的工资成本属于（　　）。

A. 半变动成本　　B. 半固定成本

C. 延伸变动成本　　D. 变动成本

6. 当企业实行计时工资制时，其支付给职工的正常工作时间内的工资总额是固定不变的；但当职工的工作时间超过正常水平，企业须按规定支付加班工资，且加班工资的多少与加班时间的长短成正比例关系。那么，上述这种工资成本属于（　　）。

A. 延伸变动成本　　B. 变动成本

C. 半变动成本　　D. 半固定成本

7.（　　）是分解混合成本诸多方法中最为简单的一种，同时也是相关决策分析中应用比较广泛的一种。

A. 高低点法　　B. 账户分析法

C. 回归分析法　　D. 工程分析法

8. 管理会计将成本区分为固定成本、变动成本和混合成本三大类，这种分类的标志是（　　）。

A. 成本的可辨认性　　B. 成本的可盘存性

C. 成本的性态　　D. 成本的时态

9.（　　）在决策中属于无关成本。

A. 边际成本　　B. 沉没成本

C. 专属成本　　D. 机会成本

10. 在有关产品是否进行深加工决策中，深加工前的半成品成本属于（　　）。

A. 估算成本　　B. 重置成本

C. 机会成本　　D. 沉没成本

11. 下列成本属于无关成本的是（　　）。

A. 专属成本　　B. 联合成本

C. 差量成本　　D. 可选择成本

12. 两个可供选择的方案之间预期成本的差异即是（　　）。

A. 边际成本　　B. 变动成本

C. 差量成本　　D. 机会成本

13. 某企业在6年前购置一台机床，原价18 000元，拟报废清理或修理后作价出售，假定报废后得残值1 200元，进行修理则需花费4 000元，修理后作价8 000元，那么（　　）元是沉没成本。

A. 18 000　　B. 1 200　　C. 4 000　　D. 8 000

14. 企业5年前购进了一台机器，现已折旧，拟购买一台价值为40 000元的更新式机器取代，卖方提出可以用旧机器作价14 500元进行交换，其余的25 500元以现金支付，则该方案的付现成本是（　　）元。

A. 40 000　　B. 14 500　　C. 25 500　　D. 11 000

15. 公司购买的一次还本付息债券，只能在到期时获得约定的收益，因而不会产生的成本是（　　）。

A. 沉没成本　　B. 机会成本

C. 差量成本　　D. 固定成本

16. 设某企业生产某种半成品2 000件，完成一定加工工序后，可以立即出售，也可以进一步深加工之后再出售。如果立即出售，每件售价15元，若深加工后出售，售价为24元，但要多付加工费9 500元，则继续进行深加工的机会成本为（　　）元。

A. 48 000　　B. 30 000　　C. 9 500　　D. 18 000

17. 如上题条件，立即出售的机会成本为（　　）元。

A. 48 000　　B. 30 000　　C. 38 500　　D. 18 000

18. 某人有现金10 000元，他若购买企业债券，年息10%；若购买金融债券，则年息12%。那么，他购买企业债券的机会成本是（　　）元。

A. 1 000　　B. 1 200　　C. 200　　D. 800

19. 有一批可修复废品，存在两种处置方案：一是降价后直接出售；二是修复后按正常价格出售，修复成本为3 000元，降价后出售收入为7 000元，修复后出售收入为11 000元，那么差量损益为（ ）元。

A. 3 000　　B. 4 000　　C. 8 000　　D. 1 000

20. 造成“某期按变动成本法与按完全成本法确定的营业净利润不相等”的根本原因是（ ）。

A. 两种方法对固定制造费用的处理方式不同

B. 两种方法计入当期利润表的固定生产成本的水平不同

C. 两种方法计算销售收入的方法不同

D. 两种方法将销售费用计入当期利润表的方式不同

四、多项选择题

1. 在相关范围内固定不变的是（ ）。

A. 固定成本　　B. 单位产品固定成本

C. 变动成本　　D. 单位变动成本

E. 历史成本

2. 下列各成本概念中属于无关成本的是（ ）。

A. 专属成本　　B. 沉没成本

C. 历史成本　　D. 联合成本

E. 混合成本

3. 下列成本一般可以归属于相关成本的有（ ）。

A. 差量成本　　B. 机会成本

C. 边际成本　　D. 付现成本

E. 联合成本

4. 酌量性固定成本包括（ ）。

A. 广告费　　B. 固定资产折旧

C. 研究开发费　　D. 管理人员奖金

E. 管理部门办公费

5. 属于企业沉没成本的有（ ）。

A. 固定资产　　B. 无形资产

C. 长期待摊费用　　D. 在建工程已付费用

E. 产品材料成本

6. 下列各项中属于约束性成本的有（ ）。

A. 不动产的税金　　B. 职工的培训费

C. 企业管理人员的工资　　D. 企业发生的广告费

E. 厂房、设备等固定资产所提的折旧

7. 联合成本包括（ ）。

A. 专门生产某种产品的专用设备的折旧费

B. 专门生产某种产品的专用设备的保险费

C. 几种产品共同使用的设备折旧费

D. 辅助车间成本

E. 专门生产某种产品的专用设备的维修费

8. 采用高低点法分解混合成本时，应当选择（　　）作为低点和高点。

A.（50，100）　　B.（60，120）

C.（50，120）　　D.（70，130）

E.（60，130）

9. 变动成本法下，产品成本包括（　　）。

A. 直接材料　　B. 直接人工

C. 变动制造费用　　D. 固定制造费用

E. 制造费用

10. 混合成本根据发生的具体情况，通常可以分为（　　）。

A. 半变动成本　　B. 半固定成本

C. 延伸变动成本　　D. 延伸固定成本

E. 非制造成本

11. 下列各项中，体现变动成本法局限性的有（　　）。

A. 按变动成本法计算的产品成本至少目前不符合税法的有关要求

B. 按成本性态将成本划分为固定成本与变动成本往往基于某种假设

C. 当面临长期决策的时候，变动成本法的作用会随着决策期的延长而降低

D. 变动成本法不利于进行各部门的业绩考评

E. 变动成本法使成本计算工作更加烦琐

五、简答题

1. 简述运用高低点法分解混合成本的基本做法和需要注意的问题。

2. 说明账户分析法分解混合成本的基本做法或步骤。

3. 高低点法应用了哪些管理会计概念？

4. 只要产量等于销售量，按变动成本法计算的损益一定等于按完全成本法计算的损益吗？

5. 完全成本法与变动成本法各有何特点？两种方法之间的差异主要表现在哪些方面？

6. 试从报告和管理的角度进行思考：变动成本法能取代完全成本法吗？

六、计算题

1. 某企业有一闲置设备，既可用于甲产品的生产，又可用于出租。如果用于生产甲产品，其收入为50 000元，成本费用为30 000元；如果用于出租可获得租金收入15 000元。

要求：分别计算将设备用于生产和用于出租的机会成本。

2. A 公司只生产一种产品，产品单位变动成本（包括直接材料、直接人工和变动制造费用）为 6 元，单位产品的售价为 15 元/件，每月固定制造费用为 40 000 元，单位产品的变动销售费用为 1 元，固定管理费用为 15 000 元。已知月初无产成品存货，当月产量为 10 000 件，售出 8 500 件。

要求：

（1）以完全成本法计算当月税前净利润，并在此基础上调整计算变动成本法下的净利润。

（2）以变动成本法计算当月税前净利润，并在此基础上调整计算完全成本法下的净利润。

3. 上海某化工厂是一家大型企业。该厂在从生产型转向生产经营型的过程中，从厂长到车间领导和生产工人都非常关心生产业绩。过去，往往要到月底才能知道月度的生产情况，这显然不能及时掌握生产信息，特别是成本和利润两大指标。如果心中无数，便不能及时地在生产过程各阶段进行控制和调整。该厂根据实际情况，决定采用本-量-利分析的方法来预测产品的成本和利润。

首先以主要生产环氧丙烷和丙二醇产品的五车间为试点。按成本与产量变动的依存关系，把工资费用、附加费、折旧费和大修理费等列作固定成本（约占总成本的 10%），把原材料、辅助材料、燃料等生产费用的其他要素作为变动成本（约占成本的 65%），同时把水电费、蒸汽费、制造费用、管理费用（除折旧以外）列作半变动成本，因为这些费用与产量无直接比例关系，但也不是固定不变的（约占总成本的 25%）。

按照 1—5 月的资料，总成本、变动成本、固定成本、半变动成本和产量如表 2-1 所示。

表 2-1　基础数据表

月份	总成本（万元）	变动成本（万元）	固定成本（万元）	半变动成本（万元）	产量（吨）
1	58.633	36.363	5.94	16.33	430.48
2	57.764	36.454	5.97	15.34	428.49
3	55.864	36.454	5.98	13.43	411.20
4	63.319	40.189	6.21	16.92	474.33
5	61.746	40.016	6.54	15.19	462.17
合计	297.116	189.476	30.64	77.21	2 206.67

1—5 月半变动成本组成如表 2-2 所示。

表2-2 半变动成本组成表 单位：万元

月份	修理费	扣下脚料	动力费	水费	管理费用	制造费用	合计
1	3.32	−1.60	8.56	1.98	3.56	0.50	16.33
2	2.63	−1.55	8.63	2.59	2.49	0.55	15.34
3	0.82	−0.27	8.06	1.62	2.66	0.54	13.43
4	1.25	−0.57	8.18	2.69	4.78	0.59	16.92
5	3.38	−2.64	8.39	2.50	3.02	0.54	15.19

会计人员用高低点法对半变动成本进行分解，结果是：单位变动成本为0.055 3万元，固定成本为−9.31万元。固定成本是负数，显然是不对的。

用回归分析法求解，单位变动成本为0.032 1万元，固定成本为1.28万元。经验算发现，1—5月固定成本与预计数1.28万元相差很远（1月：1.675万元；2月：1.585万元；3月：0.230万元；4月：1.694万元；5月：0.354万元）。

要求：会计人员感到很困惑，不知道问题出在哪里。应该采用什么方法来划分变动成本和固定成本？

资料来源：周亚力．管理会计——理论·方法·案例．上海：立信会计出版社，2006.

练习题参考答案

一、名词解释

1. 固定成本，是指其总额在一定期间和一定业务量范围内，不受业务量变动的影响而保持固定不变的成本。

2. 变动成本，是指在一定期间和一定业务量范围内，其总额随着业务量的变动而呈正比例变动的成本，如直接材料费、产品包装费、按件计酬的工人工资、推销佣金以及按加工量计算的固定资产折旧费等。

3. 半变动成本，属于混合成本，此类成本的特征是通常有个基数部分，它不随业务量的变化而变化，体现固定成本性态；但在基数部分以上则随业务量的变化而成比例变化，又呈现变动成本性态。企业的公用事业费，如电费、水费、电话费等均属于半变动成本。

4. 相关成本，是对决策有影响的各种形式的未来成本，如机会成本、边际成本、付现成本、专属成本、差量成本、酌量性成本等。

5. 机会成本，是指企业在进行经营决策时，必须从多个备选方案中选择一个最优方案，而放弃另一个方案，被放弃的次优方案所可能获得的利益就称为已选中的最优方案的机会成本。

6. 边际成本，是指业务量每变动一个单位所引起成本的变化。

7. 沉没成本，是指过去已经发生并无法由现在或将来的任何决策所改变的成本，是企业在以前经营活动中已经支付过现金，而在现在或将来经营期间摊入成本费用的支出。

8. 付现成本，是指由现在或将来的决策所能够改变其支出数额的成本，是决策必须考虑的重要影响因素。

9. 变动成本法，是指在产品成本的计算上，只包括产品生产过程中所消耗的直接材料、直接人工以及制造费用中的变动部分，而不包括制造费用中的固定部分。制造费用中的固定部分被视为期间成本而从相应期间的收入中扣除。

10. 完全成本法，是指在产品成本的计算中，不仅包括产品生产过程中所消耗的直接材料、直接人工，还包括全部的制造费用。

二、判断题

1. ×	2. ×	3. √	4. √
5. ×	6. ×	7. √	8. √
9. √	10. √	11. ×	12. ×
13. √	14. ×	15. √	16. √
17. √	18. √	19. ×	20. ×
21. ×	22. √	23. √	24. ×
25. √	26. ×	27. √	28. ×
29. √			

三、单项选择题

1. B	2. B	3. A	4. C
5. B	6. A	7. B	8. C
9. B	10. D	11. B	12. C
13. A	14. C	15. B	16. B
17. C	18. B	19. D	20. A

四、多项选择题

1. AD	2. BCD	3. ABCD	4. ACD
5. ABCD	6. ACE	7. CD	8. AD
9. ABC	10. ABC	11. ABC	

五、简答题

1. 简述运用高低点法分解混合成本的基本做法和需要注意的问题。

答：采用高低点法分解混合成本时，其基本做法是以某一期间内最高业务量的混合成本值（即高点）与最低业务量的混合成本值（即低点）的差数，除以最高业务量与最低业务量的差数，以确定业务量的成本变量（即单位业务量的变动成本额），进而确定和分解混合成本中的变动成本部分和固定成本部分。

运用高低点法分解混合成本应注意两个问题：第一，高点和低点的业务量为该项混合成本相关范围的两个极点，超出这个范围则不一定适用在这个范围得出的数学模型；第二，高低点法是以高点和低点的数据来描述成本性态的，因而带有一定的偶然性，这种偶然性会对未来成本的预计产生影响。

2. 说明账户分析法分解混合成本的基本做法或步骤。

账户分析法是根据各个成本费用项目（包括明细账户）的内容，直接判断其与业务量之间的依存关系，从而确定其成本性态的一种成本分解方法。其基本做法是根据各有关成本账户的具体内容，判断其特征是更接近于固定成本，还是更接近于变动成本，进而直接将其确定为固定成本或变动成本。就账户分析法的对象而言，这一方法通常用于特定期间总成本的分解，而且对于成本性态的确认通常也只限于成本性态相对比较典型的成本项目，而对于成本性态不那么典型的成本项目，则应采用其他的成本分解方法。

3. 高低点法应用了哪些管理会计概念？

答：高低点法应用了管理会计两个重要的概念：变动成本和固定成本。由于固定成本总额在一定期间和一定业务量范围内不受业务量变动的影响而保持不变，而变动成本总额在一定期间和一定业务量范围内随着业务量的变动而呈正比例变动，因而一定期间内最低业务量与最高业务量的差反映业务量的变动，最低业务量的混合成本值与最高业务量的混合成本值的差反映变动成本的变动。基于上述两个概念的理解，最高业务量的混合成本值与最低业务量的混合成本值的差，除以最高业务量与最低业务量的差，即为单位变动成本。如果将单位变动成本 b 代入 $y=a+bx$，就可以确定混合成本中的固定成本部分。

4. 只要产量等于销售量，按变动成本法计算的损益一定等于按完全成本法计算的损益吗？

答：不一定相等，这一问题只有在各期固定制造费用成本相等时才成立。如果各期固定制造费用成本不等，即使产量等于销售量，按变动成本法计算的损益也不等于按完全成本法计算的损益。

5. 完全成本法与变动成本法各有何特点？两种方法之间的差异主要表现在哪些方面？

答：完全成本法的特点是：（1）符合公认会计准则的要求。（2）强调成本补偿上的一致性。完全成本法认为，只要是与产品生产有关的耗费，均应从产品销售收入中得到补偿，固定制造费用也不例外。（3）强调生产环节对企业利润的贡献。由于完全成本法下固定制造费用也被归集于产品成本而随产品流动，因此本期已销产品和期末未销产品在成本负担上是完全一致的。在一定销售量的条件下，产量大则利润高，所以，客观上完全成本法有刺激生产的作用。

变动成本法的特点是：（1）以成本性态分析为基础计算产品成本。变动成本法认为只有变动制造费用才构成产品成本，而固定制造费用应作为期间成本处理。（2）强调不同的制造成本在补偿方式上存在差异性。变动成本法认为产品的变动制造费用应该在其销售的收入中获得补偿，而固定制造费用由于只与企业是否生产有关，与产品的销量无关，因此不应列为产品制造成本，而是作为期间成本处理。(3) 强调销售环节对企业利润的贡献。由于变动成本法将固定制造费用列作期间成本，所以在一定产量条件下，对销售环节创造利润的作用揭示程度更高。

变动成本法与完全成本法对固定制造费用的不同处理，导致两种方法下的一系列差异，主要表现在产品成本的构成内容不同、存货成本的构成内容不同以及各期损益计算不同三个方面。

(1) 产品成本的构成内容不同。完全成本法将所有成本分为制造成本和非制造成本两大类，将制造成本完全计入产品成本，而将非制造成本作为期间成本，全额计入当期损益；变动成本法则是先将制造成本按成本性态划分为变动制造费用和固定制造费用两大类，再将变动制造费用计入产品成本，而将固定制造费用与非制造成本一起列为期间成本。

(2) 存货成本的构成内容不同。由于变动成本法与完全成本法下产品成本构成内容不同，产成品和在产品存货的成本构成内容也就不同。采用变动成本法，不论是库存产成品、在产品还是已销产品，其成本均只包括制造成本中的变动部分，期末存货计价也只是这一部分。而采用完全成本法时，不论是库存产成品、在产品还是已销产品，其成本中均包括了一定份额的固定制造费用，期末存货计价当然也包括了这一份额。

(3) 各期损益计算不同。由于变动成本法下的产品成本只包括变动成本，而将固定成本列作期间成本，也就是说对固定成本的补偿由当期销售的产品承担。而完全成本法下的产品成本既包括变动成本，又包括固定成本。上述在固定成本上的分歧处理对两种方法下的损益计算有重大影响，影响的程度取决于产量和销量这两个相对来说相互独立因素的均衡程度，且表现为相向关系，即产销越均衡，两种成本计算方法下所计算的损益相差就越小；反之，则越大。只有当产成品实现所谓的“零存货”，即产销绝对均衡时，损益计算上的差异才会消失。

6. 试从报告和管理的角度进行思考：变动成本法能取代完全成本法吗？

答：不能。变动成本法和完全成本法各有优劣，不能简单取代：(1) 按变动成本法计算的产品成本不符合税法的有关要求；(2) 按成本性态将成本划分为固定成本与变动成本本身具有局限性，即这种划分在很大程度上是假设的结果；(3) 当面临长期决策时，变动成本法的作用会随决策期的延长而降低。通常，变动成本法适用于内部报告和经营决策，而完全成本法适用于外部报告。因此，两种方法适用场景不同，各有优劣，不能简单取代。

六、计算题

1. 答：

将设备用于生产的机会成本为15 000元；将设备用于出租的机会成本为20 000元（50 000－30 000）。

2. 答：

(1) 完全成本法下的净利润，见表2-3。

表2-3 单位：元

销售收入（8 500×15）		127 500
销售成本		
期初存货	0	
加：变动成本（10 000×6）	60 000	
固定成本	40 000	
减：期末存货（1 500×10）	－15 000	85 000
销售毛利		42 500
减：销售费用、管理费用		
变动销售费用（8 500×1）		8 500
固定管理费用		15 000
净利润		19 000
调整：		
加：期初存货的固定成本		0
减：期末存货的固定成本		6 000
变动成本法下的净利润		13 000

(2) 变动成本法下的净利润，见表2-4。

表2-4 单位：元

销售收入（8 500×15）		127 500
变动销售成本		
期初存货	0	
加：变动成本（10 000×6）	60 000	
减：期末存货（1 500×6）	－9 000	51 000
变动销售费用（8 500×1）		8 500
贡献毛益		68 000
固定成本		40 000
固定管理费用		15 000
净利润		13 000
调整：		
减：期初存货的固定成本		0
加：期末存货的固定成本		6 000
完全成本法下的净利润		19 000

3. 答：

该化工厂在对总成本进行分解时，把明显属于变动成本或固定成本的项目剔除后，其余作为半变动成本，用一定的方法进行分解，这种做法存在以下几个问题：第一，从半变动成本的结构来看，许多费用都不是线性的。第二，下脚料不能作为半变动成本处理。第三，把大部分近似变动成本和近似固定成本都已分别归入变动成本和固定成本，剩下的少数费用性质比较复杂，而且有些费用的发生没有规律，这部分费用一般难以用公式单独分解。否则，矛盾就比较突出，如本案例的计算结果就很不合理。

根据本案例的情况，可以有以下几种处理方案。

第一，全部费用除了已划分为变动成本、固定成本，剩下的这些半变动成本再按照性质直接划分为变动成本和固定成本。本案例中，修理费、动力费和水费可归入变动成本，管理费用和制造费用归属于固定成本，下脚料单独列示。这种方法虽然不太准确，但便于费用控制。

第二，总成本作为半变动成本，按高低点法分解：单位变动成本为 0.12 万元，固定成本为 6.463 万元。计算各月变动成本和固定成本，如表 2-5 所示。

表 2-5

单位：万元

月份	变动成本	固定成本	合计
1	51.658	6.975	58.633
2	51.419	6.345	57.764
3	49.344	6.520	55.864
4	56.920	6.399	63.319
5	55.460	6.286	61.746

从各月的计算结果来看，基本上是正确的。合计总成本中有一部分成本的各月发生数是不规则的，但比率较小，不影响总成本的正确性。

第三，如果要保持原来的分解方法，则要对半变动成本进行进一步分析，查明不规则变动的原因，剔除各种不正常因素，并将调整后的数字再进行分解。

教材习题解析

一、思考题

1. 管理会计对成本是如何分类的？各种分类的主要目的是什么？

答：管理会计对成本的分类：(1) 成本按经济用途可以分为制造成本和非制造成本两大类，这是财务会计中有关成本分类最主要的方法，也是一种传统的分类方法。其分类结果主要用来确定存货成本和期间损益，满足对外财务报告的需要。(2) 成本按性态可以分为固定成本、变动成本和混合成本三类，这是管理会计这一学科的重要基石，管理会计作为决策会计的角色，其许多决策方法尤其是短期决策方法都需要借助成本性态这一概念。(3) 其他基于管理需要的成本概念及分类，如机会成本、边际成本、付现成本等，其成本概念及分类结果主要用来分析和决策，满足对内管理的需要。

2. 按性态划分，成本可以分为几类？各自的含义、构成和相关范围是什么？

答：按成本性态可以将企业的全部成本分为固定成本、变动成本和混合成本三类。

(1) 固定成本是指其总额在一定期间和一定业务量范围内，不受业务量变动的影响而保持不变的成本。行政管理人员的工资、办公费、财产保险费、按直线法计提的固定资产折旧费、职工教育培训费等，均属于固定成本。固定成本总额不受业务总量变动的影响而固定不变，但单位业务量所负担的固定成本直接受业务总量变动的影响，随业务总量的增加而减少。

固定成本的“固定性”不是绝对的，而是有限定条件的，表现为一定的期间范围和一定的空间范围。就期间范围而言，固定成本表现为在某一特定期间内具有固定性。从较长时间看，所有成本都具有变动性，即使约束性固定成本也是如此。随着时间的推移，一个正常成长的企业，其经营能力无论是从规模上还是从质量上均会发生变化：厂房势必扩大、设备势必更新、行政管理人员也可能增加，这些均会导致折旧费用、财产保险费以及行政管理人员薪金的增加。经营能力的逆向变化也会导致上述费用发生变化。就空间范围而言，固定成本表现为在某一特定业务量水平内具有固定性。业务量一旦超出这一水平，同样势必扩大厂房等，这样相应的费用也会增加。

(2) 变动成本是在一定的期间和一定业务量范围内其总额随着业务量的变动而呈正比例变动的成本。如按产量计酬的工人薪金、按销售收入的一定比例计算的销售佣金、企业生产产品的直接物耗成本（直接材料成本）等。单位变动成本不受业务量变动的影响而固定不变，但变动成本总额受业务总量变动的影响，随业务总量的增加而增加。

变动成本的变动性，即“随着业务量的变动而呈正比例变动”也有其相关范围。也就是说，变动成本总额与业务量之间的这种正比例变动关系（即完全线性关系）只是在一定业务量范围内实现的，超出这一业务量范围，两者之间就可能不存在这种正比例变动关系。

(3) 混合成本，是指那些“混合”了固定成本和变动成本两种不同性质的成本。混合成本根据其发生的具体情况，通常可以分为三类：第一类是半变动成本；第二类是半固定成本；第三类是延伸变动成本。混合成本也有其相关范围，它们的固定性体现在一定的业务量范围内，如果突破了这个限制，就会表现出一定的变动性。

3. 混合成本的分解方法有几种？相互之间的区别和各自的优缺点是什么？

答：混合成本的分解方法很多，通常有历史成本法、账户分析法。

历史成本法是根据以往若干时期的数据所表现出来的实际成本与业务量之间的依存关系来描述成本的性态，并以此来确定决策所需要的未来成本数据。其基本原理是，在既定的生产流程和工艺设计下，历史数据可以比较准确地表达成本与业务量之间的依存关系；只要生产流程和工艺不变，就可以准确地预计未来成本将随着业务量的变化而发生怎样的变化。历史成本法通常又分为高低点法和回归直线法等。历史成本法的优点：只要有相关的历史成本数据，根据相关公式就可以求出对应的数学模型，从而预测未来成本；由于成本的分解主要运用函数或回归方程的知识，因此过程比较简单。缺点：在缺乏历史成本数据的情况下不能使用此方法；当历史成本无效或者存在不正常的项目时，会影响预计成本的准确性。

账户分析法是根据各个成本、费用账户的内容，直接判断其与业务量之间的依存关系，从而确定成本性态的一种成本分解方法。基本做法是，根据各有关成本账户的具体内容，判断其特征是更接近于固定成本还是更接近于变动成本，进而直接将其确定为固定成本或变动成本。账户分析法的优点：它是混合成本分解诸多方法中最为简单的一种，只要有相关历史成本费用账户信息，就可以分解混合成本。缺点：在缺乏历史成本数据的情况下不能使用此方法；当历史成本无效或者有不正常的项目时，会影响估计成本的准确性；分析结果的可靠性很大程度上取决于有关分析人员的判断能力，可能会有一定的片面性和局限性。

4. 什么是付现成本和沉没成本？该成本分类有什么作用？

答：决策相关成本与无关成本可以具体体现为沉没成本与付现成本，以此指引经营决策关注付现成本，得出正确的分析结论。付现成本是指由现在或将来的任何决策所能够改变其支出数额的成本。可见，付现成本是决策必须考虑的重要影响因素。在短期经营决策中，若面临货币资金短缺而向市场筹集资金困难时，往往选择付现成本最低而不是总成本最低的方案为优。

沉没成本是指过去已经发生并无法由现在或将来的任何决策所改变的成本。可见，沉没成本是对现在或将来的任何决策都无影响的成本。沉没成本是企业在以前经营活动中已经支付现金，而在现在或将来经营期间摊入成本费用的支出。因此，固定资产、无形资产、递延资产、因失误造成的不可收回的投资等均属于企业的沉没成本。沉没成本是一种历史成本，对现有决策而言是不可控成本，不会影响当前行为或未来决策。

5. 什么是机会成本？它的意义是什么？

答：企业在进行经营决策时，必须从多个备选方案中选择一个最优方案，而放弃另外的方案。此时，被放弃的次优方案所可能获得的潜在利益就称为已选中的最优方案的机会成本。也就是说，不选其他方案而选最优方案的代价，就是已放弃方案的获利可能。选择方案时，将机会成本的影响考虑进去，有利于对所选方案的最终效益进行全面评价。

6. 边际成本和变动成本的含义及其区别是什么？

答：从理论上讲，边际成本是指产量（业务量）向无限小变化时成本的变动数额。当然，这是从纯经济学角度来讲的，事实上，产量不可能向无限小变化，至少应为1个单位的产量。因此，边际成本也就是产量每增加或减少1个单位所引起的成本变动数额。

变动成本与固定成本相反，变动成本是指那些成本的总发生额在相关范围内随着业务量的变动而呈线性变动的成本。直接人工、直接材料都是典型的变动成本，在一定期间内它们的发生总额随着业务量的增减而呈正比例变动，但单位产品的耗费则保持不变。

由此看来，边际成本和变动成本是有区别的，变动成本反映的是增加单位产量所追加成本的平均变动，而边际成本是反映每增加1个单位产量所追加的成本的实际数额。所以，只有在相关范围内，增加1个单位产量的单位变动成本才能和边际成本相一致。

7. 相关成本与无关成本的划分依据是什么？如何理解“相关成本与无关成本的区分并不是绝对的”？

答：相关成本与无关成本的划分依据是该成本是不是与经营决策有关的未来成本。相关成本是对决策有影响的各种形式的未来成本，如差量成本、机会成本、边际成本、付现成本、专属成本、可选择成本等。那些对决策没有影响的成本，称为无关成本。这类成本过去已经发生，或对未来决策没有影响，因而在决策时不予考虑，如沉没成本、联合成本、约束性成本等。

相关成本与无关成本的区分并不是绝对的。有些成本在某一决策方案中是相关成本，而在另一决策方案中可能是无关成本。例如，A，B两种同类型产品都能满足公司的要求，从中选择购买一种产品。如果A是国产产品，价格是10 000元，B是进口产品，价格是12 000元，在购买决策中相关成本为差量成本2 000元。因为不管公司决定购买哪种产品，其无差别成本10 000元都要发生。就A，B两种同类型产品决策而言，相关成本就是2 000元值不值得发生的问题。

但如果决定购买A国产产品后，考虑分期支付还是一次支付，一次支付价格10 000元就成为决策相关成本，而不是无关成本。

8. 请阐述变动成本法和完全成本法的内涵、适用范围和对企业的影响。

答：完全成本法，是指在产品成本计算上，不仅包括产品生产过程中所消耗的直接材料、直接人工，还包括全部的制造费用（变动制造费用和固定制造费用）。完全成本法适用于重视生产过程的企业，或对于固定制造费用不需要分配、固定制造费用的分配可以划分清楚的生产企业。另外，由于完全成本法符合我国税法对于成本核算的要求，所以对于想要简化企业税后调整过程的企业，可使用完全成本法核算成本。

变动成本法，是指在产品成本的计算上，只包括产品生产过程中所消耗的直接材料、直接人工和制造费用中的变动性部分，而不包括制造费用中的固定性部分。制造费用中的固定性部分被视为期间费用而从相应期间的收入中全部扣除。变动成本法适用于企业的短期决策，因为在完全成本法下计算的利润会受企业存货的影响，所以它所提供的成本信息不利于决策。如果一个企业希望通过制定标准成本和费用预算来全面加强企业成本管理，那么变动成本法可以满足这个需求。

两种方法对企业的影响：(1) 产品成本不同。完全成本法将所有成本分为制造成本和非制造成本两大类，将制造成本完全计入产品成本，而将非制造成本作为期间成本，全额计入当期损益。变动成本法则是先将制造成本按成本性态划分为变动制造费用和固定制造费用两类，再将变动制造费用计入产品成本，将固定制造费用与非制造成本一起列为期间成本。(2) 存货成本不同。采用变动成本法，不论是库存产成品、在产品还是已销产品，其成本均只包括制造成本中的变动部分，期末存货计价也只是这一部分。而采用完全成本法，成本中均包括了一定份额的固定制造费用。很显然，变动成本法下的期末存货计价必然小于完全成本法下的期末存货计价。(3) 各期损益不同。变动成本法下固定成本的补偿由当期销售的产品承担，而完全成本法下对固定成本的补偿是由当期生产的产品承担，期末未销售的产品与当期已销售的产品承担相同的份额。这两种方法对损益计算的影响程度取决于产量和销量的均衡程度，且表现为相关关系，即产销越均衡，两种成本计算法下所计算的损益相差就越小，反之则越大。

二、练习题

1. 答：

(1) 各年税前利润的计算如表2-6所示。

表2-6 各年税前利润 单位：元

项目	第1年	第2年	第3年	合计
变动成本法下：				
销售收入	200 000	200 000	200 000	600 000
销售成本	90 000	90 000	90 000	270 000
贡献毛益	110 000	110 000	110 000	330 000
固定成本				
固定制造费用	20 000	20 000	20 000	60 000
管理费用、销售费用	50 000	50 000	50 000	150 000
小计	70 000	70 000	70 000	210 000

续表

项目	第1年	第2年	第3年	合计
税前利润	40 000	40 000	40 000	120 000
完全成本法下：				
销售收入	200 000	200 000	200 000	600 000
销售成本	110 000	106 667	113 333	330 000
期初存货成本	0	0	21 333	
当期产品成本	110 000	128 000	92 000	330 000
可供销售产品	110 000	128 000	113 333	
期末存货成本		21 333		
毛利	90 000	93 333	86 667	270 000
管理费用、销售费用	50 000	50 000	50 000	150 000
税前利润	40 000	43 333	36 667	120 000

（2）由表2-6的计算结果可以看到：当产量等于销量且无期初存货时，两种成本计算法下的税前利润完全相同；当产量大于销量且无期初存货时，按变动成本法计算的税前利润小于按完全成本法计算的税前利润；当产量小于销量时，按变动成本法计算的税前利润大于按完全成本法计算的税前利润。

2. 答：

（1）采用完全成本法编制该公司20×3年和20×4年的比较利润表，如表2-7所示。

表2-7 采用完全成本法编制的比较利润表　　单位：元

项目	20×3年	20×4年
销售收入	1 000	1 500
期初存货成本	0	380
当期产品成本	1 140	960
当期销售产品成本	760	1 340
期末存货成本	380	0
毛利	240	160
管理费用、销售费用	150	150
税前利润	90	10

之所以会出现销售增加50%，税前利润反而降低89%的结果，完全是由于20×3年产量高于20×4年产量，使单位产品成本中的固定成本相应地更低，导致销售的产品所负担的单位固定成本也比20×4年低。因此，出现了销量虽然大幅度上升，但是由于产量降低，最终的税前利润反而降低的结果。

（2）采用变动成本法编制该公司20×3年和20×4年的比较利润表，如表2-8所示。

表2-8　采用变动成本法编制的比较利润表　单位：元

项目	20×3年	20×4年
销售收入	1 000	1 500
销售成本	360	540
贡献毛益	640	960
固定制造费用	600	600
管理费用、销售费用	150	150
税前利润	－110	210

比较两表计算结果可知，在完全成本法下，由于增加产量可以降低单位产品所负担的固定成本，在销量一定的情况下会增加利润，因而企业会重视生产环节；相反，在变动成本法下，由于固定成本被视为期间成本，只有增加销量才能增加贡献毛益，从而增加利润，因此企业会相对重视销售环节。

3. 答：

采用高低点法对电费进行分解。

设高点的成本性态为：$y_1=a+bx_1$①

低点的成本性态为：$y_2=a+bx_2$②

由方程①和②可得：$b=(y_1-y_2)/(x_1-x_2)$③

取高点（1 800，7 250）、低点（900，4 250），将数据代入方程③，可得

$$b=3.33$$

将 $b=3.33$ 代入方程①，可得

$$a=1\,256$$

因此，混合成本的数学模型为：

$$y=1\,256+3.33x$$

4. 答：

（1）甲厂在核算成本时，采用的是完全成本法。完全成本法强调生产环节对企业利润的贡献。在完全成本法下，固定制造费用也被归于产品而随产品流动，因此本期已销和期末未销产品在成本负担上是完全一致的。在一定销量下，产量大则利润高。在本案例中，甲厂20×2年销售不景气，大量存货积压，但是产量比20×3年多，所以造成20×2年企业利润高于20×3年的现象。

（2）因为企业利润是通过销售过程最终实现的，所以企业应当重视销售过程，因而运用变动成本法更符合企业的目标。如果采用变动成本法核算，结果如表2-9所示。

表2-9 利润表

金额单位：元
数量单位：瓶

项目	20×2年	20×3年
销售收入	1 855 000	2 597 000
销售变动成本	530 000	742 000
工资	288 000	288 000
制造费用	720 000	720 000
销售费用	85 000	108 000
净利润	232 000	739 000
库存资料：		
期初存货数	16 000	35 000
本期生产数	72 000	50 400
本期销售数	53 000	74 200
期末存货数	35 000	11 200
单位售价	35	35
单位变动成本	10	10
其中：材料	7	7
燃料和动力	3	3

第3章 Chapter 3 本-量-利分析

学习目标

本章以本-量-利分析的基本假设为起点，承袭了第 2 章成本性态有关的概念，重在让学生理解本-量-利分析的基本原理和分析方法，帮助学生采用这些方法分析企业经营中如何实现盈亏平衡、如何达到目标利润以及如何抓住盈亏临界点、安全边际和实现目标利润面临的关键影响因素。

学习指导

1. 学习重点

(1) 了解本-量-利分析的基本假设包括相关范围假设、模型线性假设、产销平衡假设和品种结构不变假设的内容和意义。

(2) 掌握本-量-利分析的相关概念和方法，能用数学化的模型与图式来揭示固定成本、变动成本、销售量、单价、销售额、利润等变量之间的内在规律。

(3) 熟练掌握盈亏临界点分析、实现目标利润分析、敏感性分析等方法，为会计预测、决策提供必要的财务信息。

2. 学习难点

本-量-利分析的基本原理和分析方法在企业预测、决策、计划和控制等多方面具有广泛的用途，也是管理会计中的一项基础内容。

(1) 当相关因素（如固定成本、变动成本、销售量、单价、销售结构等）逐一发生变动时，如何有效地进行综合决策。

(2) 当收入、成本与业务量等诸多因素为不完全线性关系、非线性关系时，如何运用本-量-利分析的基本原理和方法解决问题。

练习题

一、名词解释

1. 本-量-利分析
2. 期间假设
3. 业务量假设
4. 贡献毛益
5. 安全边际
6. 加权平均贡献毛益率
7. 盈亏临界点
8. 盈亏临界点作业率
9. 敏感系数

二、判断题（正确的划√，错误的划×）

1. 在本-量-利分析的立场上，由于利润只是收入与支出的一个差量，因此模型线性假设只涉及成本与业务量两个方面，业务量在此可以是生产数量，也可以是销售数量。（　）

2. 成本按性态划分的基本假设同时也是本-量-利分析的基本假设。（　）

3. 在盈亏临界图中，可以用横轴表示销售收入量，用纵轴表示成本，纵轴与横轴的金额最好保持一致，此时总成本线的仰角应大于45度。（　）

4. 在盈亏临界图中，总成本既定的情况下，销售价格越高，盈亏临界点越高；反之，盈亏临界点越低。（　）

5. 盈亏临界点的贡献毛益刚好等于总成本，超过盈亏临界点的贡献毛益大于总成本，也就是实现了利润。（　）

6. 企业各种产品提供的贡献毛益即是企业的营业毛利。（　）

7. 单一品种情况下，盈亏临界点的销售量随着贡献毛益率的上升而上升。（　）

8. 销售利润率可以通过贡献毛益率和安全边际率相乘求得。（　）

9. 某一因素的敏感系数为负号，表明该因素的变动与利润的变动为反向关系；为正号则表明是同向关系。（　）

10. 单价的敏感系数肯定大于销售量的敏感系数。（　）

11. 从单价的敏感系数特征来看，涨价是企业提高盈利最直接、最有效的手段。（　）

三、单项选择题

1.（　）是本-量-利分析最基本的假设，是本-量-利分析的出发点。

A. 相关范围假设　　B. 模型线性假设

C. 产销平衡假设　　D. 品种结构不变假设

2. 当企业的剩余生产能力无法转移时，不应继续生产某亏损产品的条件之一是（　）。

A. 该产品的单价等于单位变动成本

B. 该产品的单价大于单位变动成本

C. 该产品的单位贡献毛益大于零

D. 该产品的变动成本率大于100%

3. 在单位式盈亏临界图中，产品销售价格线与（　　）的交点即为盈亏临界点。

A. 单位成本线　　B. 单位固定成本

C. 单位变动成本线　　D. 利润线

4. 已知A企业为生产和销售单一产品的企业。A企业计划年度销售量为1 000件，销售单价为50元，单位变动成本30元，固定成本总额25 000元，则销售量、单价、单位变动成本、固定成本各因素的敏感程度由高到低排序是（　　）。

A. 单价＞销售量＞单位变动成本＞固定成本

B. 单价＞单位变动成本＞销售量＞固定成本

C. 单价＞单位变动成本＞固定成本＞销售量

D. 单价＞销售量＞固定成本＞单位变动成本

5. 某企业只生产一种产品，单位变动成本36元，固定成本总额4 000元，产品单价56元，要使安全边际率达到50%，该企业的销售量应达到（　　）件。

A. 400　　B. 222　　C. 143　　D. 500

6. 销售收入为20万元，贡献毛益率为60%，其变动成本总额为（　　）万元。

A. 8　　B. 12　　C. 4　　D. 16

7. 某产品保本点为1 000台，实际销售1 500台，每台单位贡献毛益为10元，则实际获利额为（　　）元。

A. 15 000　　B. 10 000　　C. 25 000　　D. 5 000

8. 某企业只生产一种产品，单价6元，单位变动生产成本4元，单位变动销售和管理变动成本0.5元，销量500件，则其产品贡献毛益为（　　）元。

A. 650　　B. 750　　C. 850　　D. 950

四、多项选择题

1. 本-量-利分析的基本假设有（　　）。

A. 相关范围假设　　B. 模型线性假设

C. 产销平衡假设　　D. 品种结构不变假设

E. 盈亏临界点

2. 在盈亏临界图中，盈亏临界点的位置取决于（　　）等因素。

A. 固定成本　　B. 单位变动成本

C. 销售量　　D. 销售单价

E. 产品成本

3. 在盈亏临界图中，下列描述正确的是（　）。

A. 在总成本既定的情况下，销售单价越高，盈亏临界点越低

B. 在总成本既定的情况下，销售单价越高，盈亏临界点越高

C. 在销售单价、单位变动成本既定的情况下，固定成本越高，盈亏临界点越高

D. 在销售单价、固定成本总额既定的情况下，单位变动成本越高，盈亏临界点越高

E. 在销售单价、固定成本总额既定的情况下，单位变动成本越高，盈亏临界点越低

4. 下列各等式中成立的有（　）。

A. 变动成本率＋安全边际率＝1　　B. 贡献毛益率＋安全边际率＝1

C. 贡献毛益率＋变动成本率＝1　　D. 安全边际率＋保本作业率＝1

E. 变动成本率＋保本作业率＝1

5. 安全边际率可以通过以下（　）公式计算。

A. 安全边际/实际销售量　　B. 保本销售量/实际销售量

C. 安全边际额/实际销售额　　D. 保本销售额/实际销售额

E. 安全边际量/安全边际额

6. 保本销售额可以通过以下（　）公式计算。

A. 保本销售量×单位利润

B. 固定成本总额/贡献毛益率

C. 固定成本总额×单价/（单价－单位变动成本）

D. 固定成本总额/加权平均贡献毛益率

E. 固定成本总额/贡献毛益

7. 利润＝（实际销售量－保本销售量）×（　）。

A. 贡献毛益率　　B. 单位利润

C. 单位售价　　D. 单位贡献毛益

E. 单价－单位变动成本

五、简答题

1. 试说明本-量-利分析相关范围假设的具体含义。

2. 试比较利润对固定成本、单位变动成本、单价以及销售量等因素变化的敏感程度。

3. 研究盈亏临界点有何意义？

4. 敏感性分析的作用是什么？

5. 本-量-利分析的扩展研究是对本-量-利分析基本假设的否定吗？在实践中，对该类扩展研究你有哪些思考？

六、计算题

1. A企业为生产和销售单一产品的企业，该产品单位售价80元，单位变动成本50元，固定成本总额60 000元，预计正常销售量4 000件。

要求：

(1) 计算盈亏临界点销售量。

(2) 计算安全边际及安全边际率。

2. 甲企业为生产和销售单一产品的企业，当年有关数据如下：销售产品4 000件，产品单价80元，单位变动成本50元，固定成本总额50 000元，实现利润70 000元，计划年度目标利润100 000元。

要求：

(1) 计算实现目标利润的销售量。

(2) 计算销售量、单价、单位变动成本及固定成本的敏感系数。

3. 某公司只生产和销售一种产品，单位售价为10元，每月销售量为2 000件，单位变动成本为8元，每月固定成本为3 000元。为了增加利润，有两个方案可供选择：方案一，将售价降低0.5元，销售量可增加35%；方案二，不降低售价而每月花费500元做广告，销售量可增加20%。

要求：比较哪个方案更有利。

4. 某企业只生产和销售一种产品，单价为36元，产销可保持平衡。该企业目前生产能力为1 500件，其他有关成本数据如表3-1所示。

表3-1　　单位：元

项目	变动成本	固定成本
直接材料	9 000	
直接人工	13 500	
折旧		8 000
其他		12 000
合计	22 500	20 000

该企业现拟购置一台专用设备，购置费为20 000元，可用5年，无残值，用直线法计提折旧。据测算，这台专用设备投入使用后，可使变动成本在现有基础上降低20%。

要求：根据本量利有关指标的计算结果，测算这一购置方案是否合理。

5. 常印曾是一乡镇企业的经营策划者，他一直渴望成为一个老板，因此，他随时都在寻找发展事业的大好时机。

常印的家就在镇政府所在地，该镇每逢公历的2，5，8日都有集市，方圆近百里的人都到这里赶集。常印发现，每逢集市，都有百里以外的企业到这里批发或零售雪糕、冰激凌。大小商贩、个人要排很长的队才能买到，天气转热以后更是如此。有的人很早来排队，但到最后还是两手空空悻悻而归。他也时常看到乡村的娃娃花高价却吃了劣质的冰激凌。于是他想自己创办一个冰激凌加工厂，让父老乡亲吃到价廉可口的冰激凌。常印坚定了信心，开始进行市场调查。

（1）需求量资料：周边5个乡镇，每个乡镇约有人口8万，总计约40万。按现有生活水平和消费观念估算，即使在11—12月、1—4月淡季，每日也需要40 000支冰激凌；在5—10月，每日则需要80 000～90 000支。经咨询和测算，若考虑乡间距离的远近和其他竞争市场的因素，该加工厂只要能保证冰激凌的质量，价格合理，就能够占有60%～65%的市场份额，即在淡季日需求量将达到24 000～26 000支，旺季日需求量将达到48 000～58 500支。

（2）成本费用资料：为了减少风险，常印打算去冷饮厂租设备，全套设备年租金需要45 000元（可用房地产等实物作抵押，不必支付货币现金）；库房和车间每月固定支付租金2 000元；可到市场随时招聘工人，按现行劳务报酬计算，每生产1 000支冰激凌应支付各类工人（包括熬料、打料、拔模、包装工人）计件工资28元；聘管理人员、采购人员各1名，月薪分别为1 500元，技术人员1名，月薪2 000元（包括设备维护和修理）；每月固定支付卫生费和税金1 000元。在生产冰激凌时，按市场价格计算所耗各种费用如下（以每锅料为标准，每锅料能生产1 000支冰激凌）：

主要材料：188元

其中，淀粉：100元

奶粉：56元

白砂糖：30元

食用香精：2元

其他：52元

其中：水费：3元（其中1元为冰激凌所耗用）

电费：15元

煤炭费：5元

氨（制冷用）：4元

包装纸、棍：25元

（3）生产能力：从设备的运转能力看，日生产能力12锅；考虑机器设备的维修，节假日和天气情况（阴雨天）等原因，预计全年可工作300天。

（4）定价：按现行同等质量冰激凌的市场平均价格定价为0.35元/支。

（5）资金来源：个人储蓄（不考虑利息费用）。

要求：

(1) 试用本-量-利分析常印的冰激凌加工厂是否应开业。

(2) 每年能获利多少？

(3) 若要年获利 18 万元，能实现吗？如不能实现，可以采取哪些措施？可行吗？

资料来源：周亚力. 管理会计——理论·方法·案例. 上海：立信会计出版社，2006.

练习题参考答案

一、名词解释

1. 本-量-利分析，是对成本、业务量、利润之间的相互关系进行分析的一种简称，这一分析方法是在人们认识到成本可以也应该按性态进行划分的基础上发展起来的，主要研究销量、价格、成本和利润之间的相互关系。

2. 期间假设，是指无论是固定成本还是变动成本，其固定性与变动性均体现在特定的期间内，其金额大小也是在特定期间内加以计量而确定的。但随着时间的推移，固定成本总额及其内容会发生变化，单位变动成本的数额及其内容也会发生变化。期间假设强调不同期间对成本的不同影响。

3. 业务量假设，是指成本按性态进行划分而得到的固定成本和变动成本，是在一定业务量范围内分析和计量的结果，业务量发生变化特别是变化较大时，即使成本的性态不发生变化（成本性态是有可能变化的），也需要重新加以计量。业务量假设强调不同业务量水平对成本的不同影响。

4. 贡献毛益，是指产品销售收入扣除变动成本后的余额，反映为企业做出的盈利贡献，而这种贡献要在扣除固定成本后才能成为真正的贡献（利润）。

5. 安全边际，是指正常销售量或者现有销售量超过盈亏临界点销售量的差额，反映某一产品经营的安全性。安全边际表明企业的销售量在超过保本点的销售量之后，到底有多大的盈利空间；或者说，现有销售量降低多少将会发生亏损。

6. 加权平均贡献毛益率，是指按企业所有产品计算的平均贡献毛益率，等于 $\sum$（某一产品的贡献毛益率×该产品的销售比重），反映企业整体的盈利水平。

7. 盈亏临界点，也称盈亏分歧点、保本点、两平点等，是指企业利润为零、达到不盈不亏时的状态。

8. 盈亏临界点作业率，是指盈亏临界点的销售量占企业正常销售量的百分比。所谓正常销售量，是指企业在正常市场环境和正常开工情况下产品的销售数量。盈亏临界点作业率的计算公式如下：

$$盈亏临界点作业率=\frac{盈亏临界点销售量}{正常销售量}\times 100\%$$

盈亏临界点作业率可以表明企业在保本状态下生产能力的利用程度。

9. 敏感系数，是反映销售量、单价、单位变动成本和固定成本诸因素变化对利润产生影响程度的指标，其计算公式为：

$$敏感系数=\frac{目标值变动百分比}{因素值变动百分比}$$

企业的决策人员需要知道利润对哪些因素的变化比较敏感，对哪些因素的变化不太敏感，以便分清主次，抓住重点，确保目标利润的实现。

二、判断题

1. ×	2. √	3. ×	4. ×
5. ×	6. ×	7. ×	8. √
9. √	10. √	11. √	

三、单项选择题

1. A	2. D	3. A	4. C
5. A	6. A	7. D	8. B

四、多项选择题

1. ABCD	2. ABD	3. ACD	4. CD
5. AC	6. BC	7. DE	

五、简答题

1. 试说明本-量-利分析相关范围假设的具体含义。

答：相关范围假设是本-量-利分析的基本假设之一，具体包含了期间假设和业务量假设。

(1) 期间假设。无论是固定成本还是变动成本，其固定性与变动性都是体现在特定的期间内，其金额大小也是在特定期间内加以计量而得到的。随着时间的推移，固定成本总额及其内容会发生变化，单位成本的数额及其内容也会发生变化。即使通过分析计算出了固定成本的总额和单位成本的大小，那也是彼期间而非本期间的结果了。

(2) 业务量假设。同样，对成本按性态进行划分而得到的固定成本和变动成本，是在一定业务量范围内分析和计算的结果，业务量发生变化特别是变化较大时，即使成本性态不变（成本性态是有可能变化的），也需要重新加以计量。这当然就构成了新的业务量假设。

期间假设与业务量假设之间是一种相互依存的关系。这种依存性表现为在一定期间内业务量往往保持不变或变化不大，而一定的业务量又从属于特定的期间。换句话说，不同期间的业务量往往会发生较大的变化，不同期间相距较大时更是如此；而当业务量发生很大变化时，出于成本性态分析的需要，不同的期间也就由此划分了。

2. 试比较利润对固定成本、单位变动成本、单价以及销售量等因素变化的敏感程度。

答：利润对固定成本、单位变动成本、单价以及销售量等因素变化的敏感程度可以通过各因素的敏感系数来表示。各因素的敏感系数可以通过下列计算得到：

$$固定成本敏感系数=-\frac{FC}{P}$$

$$单位变动成本敏感系数=-\frac{V\times VC}{P}$$

$$单价敏感系数=\frac{V\times SP}{P}$$

$$销售量敏感系数=\frac{V\times(SP-VC)}{P}$$

从以上公式中可以看出，各因素的敏感系数在不同条件下所决定的实现目标利润模型是不同的，不能简单地说哪一个因素的敏感系数更大，必须根据具体情况，通过上述公式的计算来做出判断。

3. 研究盈亏临界点有何意义？

答：盈亏临界点的贡献在于：说明该产品在什么状态下会盈利或亏损；说明该产品在同行业竞争中所处的状态，因为盈亏临界点越高则竞争力越低；成为经营决策的基础，企业应选择盈亏临界点低、发展潜力大、安全性好的产品。

4. 敏感性分析的作用是什么？

答：敏感性分析的作用在于综合分析：在确定各相关因素的敏感系数后，根据敏感系数排序，按最大原则寻找利润最大的组合方案，并在方案实施的过程控制中，选择控制的重点和方法。

5. 本-量-利分析的扩展研究是对本-量-利分析基本假设的否定吗？在实践中，对该类扩展研究你有哪些思考？

答：本-量-利分析基本假设的作用是在一个正常的环境下研究本-量-利分析的应用，而本-量-利分析的扩展研究则是在一个超出正常的环境下研究本-量-利分析的应用，是本-量-利分析的延伸问题，不是否定问题。

类似的扩展研究还有很多，如存货基本模型及其扩展研究、投资决策及其扩展研究等。因此，我们既要研究正常环境下的常态问题，也要在把握常态问题的基础上研究超出正常环境（或异常环境）时的非常态问题。

六、计算题

1. 答：

(1) 盈亏临界点销售量$=\frac{60\,000}{30}=2\,000$(件)

(2) 安全边际$=4\,000-2\,000=2\,000$(件)

安全边际率$=\frac{2\,000}{4\,000}\times 100\%=50\%$

2. 答：

(1) 实现目标利润的销售量$=\frac{100\,000+50\,000}{80-50}=5\,000$(件)

(2) 销售量敏感系数$=\frac{V\times(SP-VC)}{P}=\frac{4\,000\times(80-50)}{70\,000}=1.71$

单价敏感系数$=\frac{V\times SP}{P}=\frac{4\,000\times 80}{70\,000}=4.57$

单位变动成本敏感系数$=-\frac{V\times VC}{P}=-\frac{4\,000\times 50}{70\,000}=-2.86$

固定成本敏感系数$=-\frac{FC}{P}=\frac{-50\,000}{70\,000}=-0.71$

3. 答：比较两个方案哪一个更为有利的标准是比较两个方案下的预计利润。

方案一：

单价$=10-0.5=9.5$(元/件)
销售量$=2\,000\times(1+35\%)=2\,700$(件)
单位变动成本$=8$(元/件)
固定成本$=3\,000$(元)
预计利润$=2\,700\times(9.5-8)-3\,000=1\,050$(元)

方案二：

单价$=10$(元/件)
销售量$=2\,000\times(1+20\%)=2\,400$(件)
单位变动成本$=8$(元/件)
固定成本$=3\,000+500=3\,500$(元)
预计利润$=2\,400\times(10-8)-3\,500=1\,300$(元)

比较两个方案的预计利润可知，方案二的预计利润比方案一高出250元，所以方案二更有利。

4. 答：

(1) 设备购置以前。

$$单位变动成本=\frac{22\,500}{1\,500}=15(元/件)$$

单位产品的贡献毛益=36－15=21(元)

$$盈亏临界点的销售量=\frac{20\,000}{21}=952(件)$$

安全边际=1 500－952=548(件)

可实现利润=548×21=11 508(元)

(2) 设备购置以后。

$$单位变动成本=\frac{22\,500}{1\,500}\times(1-20\%)=12(元/件)$$

$$每年增加折旧费用=\frac{20\,000}{5}=4\,000(元)$$

$$盈亏临界点的销售量=\frac{20\,000+4\,000}{36-12}=1\,000(件)$$

可实现利润=(1 500－1 000)×(36－12)=12 000(元)

购置设备后，企业每年增加利润492元（12 000－11 508），说明购置设备是合理的。

5. 答：

(1) 成本资料分析如下：

单位变动成本：268元。其中，材料214元，生产工人工资28元，变动制造费用26元。

固定成本：141 000元。其中，固定制造费用129 000元，包括生产管理人员工资36 000元（1 500×2×12），技术人员工资24 000元（2 000×12），设备租金45 000元，车间仓库租金24 000元（2 000×12），其他固定性费用12 000元（1 000×12）。

单价：350元（0.35×1 000）。

年销售量：日生产能力12 000支（1 000×12）<需求量，所以每天利用最大生产能力仍然供不应求，年销售量相当于3 600锅（12×300）。

$$保本点=\frac{固定成本}{单价-单位变动成本}$$

$$=\frac{141\,000}{350-268}=1\,720(锅)$$

因为保本点1 720锅小于年销量3 600锅，所以该冰激凌加工厂可以开业。

(2) 预计利润计算如下：

预计利润=(单价－单位变动成本)×销售量－固定成本

$$=(350-268)\times 3\,600-141\,000$$
$$=154\,200(元)$$

(3) 根据上述条件，不能实现年获利 180 000 元的利润目标。若想实现，应从以下方面努力。

1）降低单位变动成本。

$$单位变动成本=单价-(目标利润+固定成本)/销售量$$
$$=350-\frac{180\,000+141\,000}{3\,600}$$
$$=261(元)$$

如果其他条件不变，将单位变动成本降低到 261 元（降低成本 7 元），就目前的物价和工资水平看，可能会影响产品质量，导致市场销量下降，甚至影响企业形象。该方法不太可行。

2）降低固定成本。

$$固定成本=(单价-单位变动成本)\times 销售量-目标利润$$
$$=(350-268)\times 3\,600-180\,000$$
$$=115\,200(元)$$

如果其他条件不变，将固定成本降低到 115 200 元（降低成本 25 800 元），就目前企业状况来看，该方法不太可行。

3）扩大销量。从上述调查和分析可以看出，企业产品供不应求，完全可以扩大销量增加利润，但是设备生产能力不允许。

4）提高单价。

$$单价=单位变动成本+(目标利润+固定成本)/销售量$$
$$=268+\frac{180\,000+141\,000}{3\,600}$$
$$=357(元)$$

其他价格条件不变，将单价提高到 0.357 元/支。从目前市场同类产品的价格看，均低于 0.357 元/支，如果提价，将影响产品销量。该方法不太可行。

5）扩大规模。从上述分析来看，扩大企业规模可以实现目标利润。租用设备、雇用人员，就市场需求量来看是可行的，但是资金状况、车间、仓库等承租情况还要进一步调查。

教材习题解析

一、思考题

1. 本-量-利分析的基本假设有哪些？说明它们的具体含义。

答：本-量-利分析的基本假设主要包括：

(1) 相关范围假设。即本-量-利分析中对成本性态的划分都是在一定的相关范围之内的。相关范围假设同时又包含了期间假设和业务量假设两层含义。

(2) 模型线性假设。具体包括：固定成本不变假设、单位变动成本不变假设、销售单价不变假设。

(3) 产销平衡假设。本-量-利分析的核心是分析业务量作为驱动因素如何引起成本和利润的变化。而在分析业务量的变化时，对应着产量和销量两种指标，产销不平衡以及由此出现的存货问题会将分析引向一系列复杂的情形。为简化问题，基本的本-量-利分析假定产销平衡，即产量与销量相等。对现实中存在的产销不平衡情形和存货问题，都可以基于本-量-利分析的原理予以扩展。

(4) 品种结构不变假设。本假设是指在一个多品种生产和销售的企业中，各种产品的销售收入在总收入中所占的比重不会发生变化。

上述假设的背后都暗藏着一个共同的假设，即假设企业的全部成本可以合理准确地分解为固定成本与变动成本。

2. *盈亏临界点分析在企业经营决策中有什么作用？试结合实例进行分析。*

答：盈亏临界点又叫保本点，是指企业的经营规模（销售量）刚好使企业达到不盈不亏的状态。盈亏临界点分析就是根据成本、销售收入、利润等因素之间的函数关系，预测企业在怎样的情况下达到不盈不亏的状态。盈亏临界点分析所提供的信息，对于企业合理计划和有效控制经营过程极为有用，如预测成本、收入、利润和预计售价、销量的变动对利润的影响等。应该指出的是，盈亏临界点分析是在研究成本、销售收入与利润三者之间相互关系的基础上进行的，所以除了销售量因素外，销售价格、固定成本与变动成本诸因素的变动也可以使企业达到不盈不亏的状态，只不过在进行盈亏临界点分析时，某一因素与其他因素之间表现为互为因果关系。

例如，某企业为生产和销售单一产品的企业，现有相关数据如下，单价为50元，单位变动成本为20元，固定成本为60 000元，那么该企业要至少销售多少件产品才能开始盈利呢？这里我们就要运用盈亏临界点分析来确定企业在现有条件下的保本点。根据盈亏临界点销售量的公式，求出产品盈亏临界点销售量为2 000件，如果销售量低于2 000件，企业将会发生亏损。

3. *敏感性分析是如何开展的？请具体分析。*

答：分析固定成本、变动成本、单价和销售量的变化，对利润产生的影响是敏感性分析的主要内容。以上因素对利润的影响程度存在差别。有的因素虽然发生了较小的变动，却能导致利润发生很大变化，即利润对该因素的变化很敏感。通常情况下，我们用敏感系数反映利润对这些因素变化的敏感程度。敏感系数等于目标值变动百分比与因素值变动百分比之比。

各因素的敏感系数可以通过以下公式计算求得：

$$固定成本敏感系数=-\frac{FC}{P}$$

$$单位变动成本敏感系数=-\frac{V\times VC}{P}$$

$$单价敏感系数=\frac{V\times SP}{P}$$

$$销售量敏感系数=\frac{V\times (SP-VC)}{P}$$

下面举例说明利润对这些因素的敏感程度的大小。假设某企业为生产和销售单一产品企业。计划年度预计有关数据如下：销售量为5 000件，单价为50元，单位变动成本为20元，固定成本为60 000元，企业目标利润为50 000元。当各因素分别增长20%时，各因素的敏感系数分别为：

固定成本敏感系数＝－1

单位变动成本敏感系数＝－3

单价敏感系数＝5

销售量敏感系数＝2

上述四个因素按敏感程度排列的顺序是：单价＞单位变动成本＞销售量＞固定成本。其中，敏感系数为正值，表示该因素与利润同方向变动；敏感系数为负值，表示该因素与利润反方向变动。在进行敏感程度分析时，敏感系数是正是负无关紧要，关键是看敏感系数绝对值的大小，越大则说明敏感程度越高。同时，上述敏感程度的排序是在例题所设定的条件下的结果，如果条件发生了变化，则各因素的敏感程度的排列顺序也可能发生变化。在通常情况下，单价的敏感系数最大。单价的敏感系数大于销售量的敏感系数，这一结论可以从敏感系数公式得到。同时，在企业正常经营时，$V\times SP$ 既大于 FC，又大于 $V\times VC$；否则，企业可能连简单再生产都难以维持，现金流也可能发生严重的困难。所以，涨价是企业提高盈利最直接、最有效的手段，而价格下跌则是企业最大的威胁。

4. 通过本章的学习，说明本-量-利分析的优点和局限性。列举实例进行说明。

答：本-量-利分析是指在成本按其成本性态划分为变动成本和固定成本的基础上，以量化的会计模型和图形来揭示固定成本、变动成本、销售量、销售单价、利润等变量之间的内在规律性联系的一种分析方法。

优点：(1) 通过本-量-利可以使企业对其保本点进行分析。进行保本点分析，可以为企业管理当局提供未来期间为防止发生亏损应完成的最小极限业务量信息，同时也能为审视企业未来经营的安全程度和目标利润分析创造条件。

（2）还可以利用本-量-利对企业保利点进行分析，即在产品销售价格和现有生产能力确定的情况下，预计确保完成目标利润能够实现而需要达到的销售收入和销售量。（3）现实经济生活中，影响企业利润的各个因素都在不断变化，通过本-量-利分析中的敏感性分析，可以分析当一种因素发生变化时，目标值是如何变化以及变化的幅度有多大。

局限性：本-量-利分析的理论和方法是建立在一系列假设基础上的，主要包括：（1）相关范围假设；（2）模型线性假设，具体包括固定成本不变假设、变动成本不变假设、销售单价不变假设；（3）产销平衡假设；（4）品种结构不变假设。但是实际经济活动中，不可能完全满足上面的条件。这就需要企业在实际运用本-量-利模型分析问题时，要结合自身特点，适当修正模型。

下面以模型线性假设为例来说明问题。某企业生产和销售单一产品，产品单价、单位变动成本和固定成本数据如表 3-2 所示，如何确定其保本点？

表 3-2 基本数据表

项目	销售单价（元）		单位变动成本（元）		固定成本（元）	
预计值	15	14	10	9	60 000	50 000
概率	0.8	0.2	0.7	0.3	0.3	0.7

通过计算可以得到表 3-3。

表 3-3 计算表

单价（元）	单位变动成本（元）	固定成本（元）	组合	保本点销售量（件）	联合概率	期望值（件）
15	10	50 000	1	10 000	0.392	3 920
15	10	60 000	2	12 000	0.168	2 016
15	9	50 000	3	8 333	0.168	1 400
15	9	60 000	4	10 000	0.072	720
14	10	50 000	5	12 500	0.098	1 225
14	10	60 000	6	15 000	0.042	630
14	9	50 000	7	10 000	0.042	420
14	9	60 000	8	12 000	0.018	216
预测盈亏临界销售量				10 547		

由上述分析可知，在不确定条件下运用概率分析的方法进行本-量-利分析，考虑了多种可能及其概率，工作量很大。

5. 敏感性分析在企业利润规划时是如何发挥作用的？请具体分析。

答：敏感性分析，是分析当某一因素发生变化时，会引起目标值发生怎样的变化以及变化程度如何。本-量-利分析中的敏感性分析主要研究两方面的内容：一是有关因素发生多大变化时会使企业由盈利变为亏损，即保本点问题；二是有关因素变化对利润变化的影响程度。

当企业进行利润规划时，可以从销售量、单价、单位变动成本和固定成本这四个方面控制。

因为销售量是与利润同方向变动的，所以销售量的临界值实际上是实现目标利润的销售量最小值。其中，最小销售量＝(目标利润＋固定成本)/(单价－单位变动成本)。同销售量一样，单价也是与利润同方向变动的，所以单价的临界值实际上是指实现目标利润的单价最小值。其中，最小单价＝单位变动成本＋(目标利润＋固定成本)/销售量。单位变动成本与利润是反方向变动的，所以单位变动成本临界值实际上是指实现目标利润的单位变动成本的最大值。其中，最大单位变动成本＝单价－(目标利润＋固定成本)/销售量。固定成本与利润是反方向变动的，所以固定成本临界值实际上是实现目标利润的固定成本最大值。其中，最大固定成本＝(单价－单位变动成本)×销售量－目标利润。

假设某企业生产和销售单一产品，现有数据为：单价 20 元，销售量 5 000 件，单位变动成本 12 元，固定成本 28 000 元，如果企业要实现目标利润 16 000 元，试确定销售量、单价、单位变动成本和固定成本。在其他三个因素不变的条件下，销售量＝5 500 件，单价＝20.8 元，单位变动成本＝11.2 元，固定成本＝24 000 元。

二、练习题

1. 答：

(1) 4 000 个（计算过程略）。

(2) 25 200 元（计算过程略）。

2. 答：空白栏数据如表 3－4 所示。

表 3－4　数据计算表　　单位：元

工厂	销售收入（元）	变动成本总额（元）	贡献毛益率（%）	固定成本总额（元）	净利（元）
1	180 000	108 000	40	60 000	12 000
2	300 000	165 000	45	100 000	35 000
3	250 000	175 000	30	80 000	－5 000
4	400 000	260 000	35	110 000	30 000

3. 答：

(1) $$销售量敏感系数=\frac{V\times(SP-VC)}{P}$$

$$=\frac{1\,000\times(200-90)}{55\,000}=2$$

(2) 20×5 年计划增加销售 5%，由于销售量的敏感系数为 2，所以

利润的增长率＝销售量增长率×销售量敏感系数

$=5\%\times2$

$=10\%$

20×5年预期营业利润＝20×4年营业利润×(1＋10%)

$=55\ 000\times1.1$

$=60\ 500$(元)

(3) 若20×5年目标利润为66 000元，即在20×4年营业利润的基础上增长20%，则

$$销售量增长率=\frac{营业利润增长率}{销售量敏感系数}=\frac{20\%}{2}=10\%$$

20×5年销售量＝1 000×(1＋10%)＝1 100(件)

4. 答：

(1) 假定饭店价格、成本数据如表3-5所示。

表3-5 基本数据表

项目	客房	餐饮	商场
单位销售价格（元）	1 000	300	200
单位变动成本（元）	20	150	140
单位贡献毛益（元）	980	150	60
贡献毛益率（%）	98	50	30
占总销售额的百分比（%）	50	45	5

现有销售组合情况如表3-6所示。

表3-6 现有销售组合情况

项目	客房	餐饮	商场	合计	百分比（%）
销售组合（%）	45	40	15	100	
销售额（万元）	9 000	8 000	3 000	20 000	100
变动成本（万元）	180	4 000	2 100	6 280	31.4
贡献毛益（万元）	8 820	4 000	900	13 720	68.6
固定成本（万元）				8 600	
利润（万元）				5 120	
目标利润（万元）				6 000	

若企业采取改变销售组合的方法提高利润，设客房、餐饮、商场销售组合为x，y，$(1-x-y)$，则它们满足以下两个方程组成的方程组：

$$1\ 000x+300y+200\times(1-x-y)=20\ 000 \quad ①$$

$$980x+150y+60\times(1-x-y)=6\ 000 \quad ②$$

则新的销售组合如表3-7所示。

表 3-7　更新销售组合情况

项目	客房	餐饮	商场	合计	百分比（%）
销售组合（%）	50	45	5	100	
销售额（万元）	10 000	9 000	1 000	20 000	100
变动成本（万元）	200	4 500	700	5 400	27
贡献毛益（万元）	9 800	4 500	300	14 600	73
固定成本（万元）				8 600	
利润（万元）				6 000	

若企业采取改变价格的方法提高利润，则还需要改变其销售组合。

若企业采取改变成本的方法提高利润：

1）降低固定成本。由表 3-6 的数据可知，固定成本＝13 720－6 000＝7 720 万元时，可以实现目标利润。

2）降低单位变动成本。由于客房的贡献毛益率已经达到 98%，因此考虑提高另外两种产品的贡献毛益率，以提高商场的贡献毛益率为例，如表 3-8 所示。

表 3-8　利益计算表

项目	客房	餐饮	商场	合计	百分比
销售组合（%）	45	40	15	100	
销售额（万元）	9 000	8 000	3 000	20 000	100
变动成本（万元）	180	4 000	1 220	5 400	27
贡献毛益（万元）	8 820	4 000	1 780	14 600	73
固定成本（万元）				8 600	
利润（万元）				6 000	

若企业采取新产品开发的方法提高利润，则应特别关注贡献毛益率高的产品。

(2) 计划权重法是将饭店多种产品的贡献毛益额之和除以计划销售额之和，以求得加权平均贡献毛益率。由于不同产品的贡献毛益率有高有低，因此，采用此法所求得的加权平均贡献毛益率将受饭店销售组合的影响。那些经营状况、产品品种结构比较稳定的企业可以使用这种方法。

在将多产品本-量-利分析技术运用到企业的经营决策当中时，由于企业管理者不可能准确地预测未来，因此，企业在确定加权平均贡献毛益率时可以使用以下两种方法来提高准确度：一是利用概率方法，通过各种可能发生情况的变量值和相应的概率，确定企业的销售组合期望值，从而确定加权平均贡献毛益率；二是可以将企业各产品的销售比重从一个单一值拓展到一个比较可靠的销售比重区间，从而确定企业产品的加权平均贡献毛益率的取值范围。

第4章 经营预测

Chapter 4

学习目标

本章以预测方法为基础，以企业经营预测内容为主线，重在让学生掌握销售预测的基本方法及其应用、成本预测的基本方法及其应用以及利润预测和资金需要量预测的基本方法及其应用。学生可以通过运用这些方法形成面向未来的分析，并应用于企业的短期经营决策中。

学习指导

1. 学习重点

(1) 了解销售预测在经营预测中的重要地位，明确销售预测与成本预测、利润预测、资金需要量预测的相互关系，掌握不同销售预测方法在不同销售环境下的灵活应用。

(2) 掌握成本预测方法。

(3) 掌握资金需要总量预测及分项资金预测的方法和应用。

2. 学习难点

(1) 虽然教材是按销售预测、成本预测、利润预测和资金需要量预测的顺序（如以销定产的状态）展开的，但在实际工作中，不同的竞争战略、不同的市场环境将会形成不同的预测逻辑，学习时应予以足够的重视。

(2) 由于不同预测对象的各自发展趋势有其自身的规律性，因此在进行企业经济活动的预测分析时，要针对不同的预测对象，选择适宜的预测方法灵活应用，这是比较困难的，应努力形成融会贯通的能力。

练习题

一、名词解释

1. 经营预测
2. 定性销售预测
3. 调查分析法
4. 趋势预测分析法
5. 因果预测分析法
6. 预计资产负债表法
7. 周转期预测法
8. 资金占用比例法

二、判断题（正确的划√，错误的划×）

1. 运用加权平均法进行销售预测的关键是按照各个观察值与预测值不同的相关程度分别规定适当的权数。（　）

2. 定量销售预测比定性销售预测更为精确。（　）

3. 当各历史期的销售量呈现增减趋势，运用加权平均法时，有必要将近期观察值的权数规定得小一些。（　）

4. 生产设备能力余缺可以通过计算设备负荷系数来确定。（　）

5. 指数平滑法下，指数平滑系数的取值越大，近期实际销售量对预测结果的影响就越小。（　）

6. 目标成本法是指根据产品的成本构成来制定产品目标成本的一种方法。（　）

7. 产品品种结构变化对利润的影响是由于各个不同品种的产品利润率是不同的，而预测下期利润时，是以本期各种产品的平均利润率为依据的。（　）

8. 凡是顾客数量有限，调查费用不高，每位顾客意向明确又不会轻易改变的，均可以采用调查分析法进行预测。（　）

9. 在受季节变动影响的情况下，季节加量或季节指数须按一定的周期取值。（　）

10. 一般来说，所取观察值的季节波动与趋势值成比例关系，则应采用加法模式：$Y_t=T_t+S_t$；如果所取观察值的季节波动与趋势值不成比例关系，则应采用乘法模式：$Y_t=T_tS_t$。（　）

11. 成本初步预测是指在当前生产条件下，采取新的降低成本措施来确定预测期可比产品能否达到初步目标成本要求的一种预测。（　）

三、单项选择题

1. 下列各种销售预测方法中，没有考虑远近期销售量对未来销售状况产生不同影响的方法是（　）。

A. 移动平均法　　B. 算术平均法

C. 加权平均法　　D. 指数平滑法

2. 某企业利用0.4的平滑指数进行销售预测，已知20×3年的实际销量为

100 吨，预计销量比实际销量多 10 吨；20×4 年实际销量比预计销量少 6 吨，则该企业 20×5 年预测销量为（　　）吨。

A. 106.6　　B. 103.6　　C. 93.6　　D. 63.6

3. 资金增长趋势预测法，就是运用（　　）原理对过去若干期间销售收入（或销售量）及资金需要量的历史资料进行分析、计量后，确定反映销售收入与资金需要量之间的回归直线 $y=a+bx$，并据以推算未来期间资金需要量的一种方法。

A. 回归分析法　　B. 判断分析法

C. 加权平均法　　D. 季节预测分析法

4. 对于制造企业来说，经营预测的对象包括对产品销售市场、产品生产成本、利润以及（　　）等方面的预测。

A. 资金需要量　　B. 流动资金需要量

C. 固定资产需要量　　D. 材料需要量

5. 在社会主义市场经济条件下，市场决定着企业的生存和发展。在企业经营预测中，起决定作用的是（　　）。

A. 成本预测　　B. 利润预测

C. 销售预测　　D. 资金需要量预测

6. 判断分析法是指销售人员根据（　　）进行估计，然后由销售人员加以综合，从而得出企业总体的销售预测的一种方法。

A. 消费意向　　B. 直觉判断

C. 数学模型　　D. 市场前景

7. 趋势预测分析法和因果预测分析法属于（　　）。

A. 调查分析法　　B. 判断分析法

C. 定性销售预测　　D. 定量销售预测

8.（　　）最常用的方法是回归直线法。

A. 调查分析法　　B. 因果预测分析法

C. 趋势预测分析法　　D. 季节预测分析法

四、多项选择题

1. 定性分析法有多种方法，具体包括（　　）。

A. 判断分析法　　B. 指数平滑法

C. 回归分析法　　D. 调查分析法

E. 移动平均法

2. 定量分析法包括（　　）。

A. 判断分析法　　B. 集合意见法

C. 非数量分析法　　D. 趋势预测分析法

E. 因果预测分析法

3. 成本降低方案的提出主要可以从（　　）三个方面着手，这些方案应该既能降低成本，又能保证生产和产品质量。

A. 改进产品设计　　B. 改善生产经营管理
C. 增加销售量　　D. 控制管理费用
E. 提高销售单价

4. 在测算各项措施对产品成本的影响程度时，应抓住影响成本的重点因素进行测算。一般可以从节约原材料消耗和（　　）等方面进行测算。

A. 提高劳动生产率　　B. 合理利用设备
C. 节约管理费用　　D. 减少废品损失
E. 提高销售量

5. 许多行业的产品销售带有季节性变动的特点，一般来说，（　　）。

A. 农产品的季节性变动甚于工业品　　B. 消费品甚于生产资料
C. 非耐用消费品甚于耐用消费品　　D. 旅游业甚于工业
E. 工业甚于商业

6. 固定资产需要量的预测，就是根据企业的（　　），预计和测算企业为完成生产经营任务所需要的固定资产数量。

A. 生产经营方向　　B. 生产经营任务
C. 资金状况　　D. 现有的生产能力
E. 现金流量

7. 由于经济生活的复杂性，并非所有影响因素都可以通过定量进行分析，如下列因素就只有定性的特征（　　）。

A. 市场前景　　B. 政治形势
C. 宏观环境　　D. 购买力指数
E. 生产力布局

8. 常用的趋势预测分析法有（　　）。

A. 算术平均法　　B. 加权平均法
C. 购买力指数法　　D. 指数平滑法
E. 回归直线法

9. 流动资金需要量预测常用的方法有（　　）。

A. 回归直线法　　B. 资金占用比例法
C. 周转期预测法　　D. 因素测算法
E. 余额测算法

10. 采用预计资产负债表法预测需要量时，随销售量变动而变动的项目有（　　）。

A. 存货　　B. 固定资产
C. 长期借款　　D. 应收账款
E. 应付账款

11. 单台设备年产量的决定因素有（　　）。

A. 台班产量　　B. 开工班次
C. 设备负荷系数　　D. 定额改进系数
E. 全年预计工作日数

12. 影响产品销售利润的主要因素有（　　）。

A. 产品销售数量　　B. 产品品种结构
C. 产品销售成本　　D. 产品销售价格
E. 产品贡献毛益

五、简答题

1. 采用趋势预测分析法时应当注意的问题主要有哪些?
2. 算术平均法与加权平均法的适用范围是什么?

六、计算题

1. 西发公司专门生产彩色电视机显像管，假设近5年全国彩色电视机的实际销售量的统计资料和西发公司彩色电视机显像管的实际销售量资料如表4-1所示。

表4-1　基础数据表

项目	20×0年	20×1年	20×2年	20×3年	20×4年
显像管销售量（万只）	25	30	36	40	50
电视机销售量（万台）	120	140	150	165	180

要求：

（1）用算术平均法预测20×5年西发公司彩色电视机显像管的销售量。

（2）假设各年的权数依次是0.1，0.1，0.2，0.2，0.4，用加权平均法预测20×5年西发公司彩色电视机显像管的销售量。

2. 假设中盛公司近5年某产品的产量与成本数据如表4-2所示。计划年度的预计产量为850台。

表4-2　基础数据表

年份	产量（件）	单位产品成本（元）
1	500	70
2	600	69
3	400	71
4	700	69
5	800	65

要求：采用回归直线法预测计划年度产品的总成本和单位成本。

练习题参考答案

一、名词解释

1. 经营预测，是运用预测学原理与方法，结合成本性态、本-量-利分析等管理会计方法对企业未来一年的经营过程与经营结果开展预测，包括销售预测、成本预测、利润预测和资金需要量预测。

2. 定性销售预测，又称定性分析法，主要依靠预测人员丰富的实践经验和知识以及主观的分析判断能力，在考虑政治经济形势、市场变化、经济政策、消费倾向等对经营影响的前提下，对事物的性质和发展趋势进行预测和推测的分析方法。

3. 调查分析法，是指通过对有代表性顾客的消费意向的调查，了解市场需求的变化趋势，进行销售预测的一种方法。在调查时应当注意：首先，选择的调查对象要具有普遍性和代表性，调查对象应能反映市场中不同阶层或行业的需要及购买需要；其次，调查的方法一定要简便易行，使调查对象乐于接受调查；最后，对调查所取得的数据与资料要进行科学的分析，特别要注意去伪存真、去粗取精。凡是顾客数量有限，调查费用不高，每个顾客意向明确又不会轻易改变的，均可以采用调查分析法进行预测。

4. 趋势预测分析法，是指根据企业历史的、按发生时间的先后顺序排列的一系列销售数据，运用一定的数学方法进行加工处理，按时间数列找出销售随时间而发展变化的趋势，由此推断其未来发展趋势的分析方法。该方法假设历史趋势是可以延续的，由此借助历史趋势开展预测。常用的趋势分析法有算术平均法、加权平均法、指数平滑法等。

5. 因果预测分析法，是指只要找到与产品销售（因变量）相关的影响因素（自变量）以及它们之间的函数关系，就可以利用这种函数关系进行产品的销售预测。影响产品销售的因素是多方面的，既有企业外部因素，也有企业内部因素，既有客观因素，又有主观因素。但是，在这些因素中，有些因素对产品销售起着决定性的作用或与产品销售存在某种函数关系，我们就可以利用这种函数关系进行产品的销售预测。

6. 预计资产负债表法，是借助编制预计资产负债表的方式预测未来一期资产规模、占用资金量和可筹集的资金来源，进而测算资金需要量的一种方法。

7. 周转期预测法，又称定额日数计算法，它是根据流动资金完成一次循环所需要的日数（资金定额日数）和每日平均周转额（每日平均资金占用额）来计算流动资金需要量的一种方法。

8. 资金占用比例法，是根据预测期流动资金占用相关的因素（如净产值、营业收入、营业成本费用、营业利润等）的预测值乘以基年的流动资金实际占用额（平均值），从而预测流动资金需要量的方法。

二、判断题

1. √	2. √	3. ×	4. √
5. ×	6. ×	7. √	8. √
9. √	10. ×	11. ×	

三、单项选择题

1. B	2. B	3. A	4. A
5. C	6. B	7. D	8. B

四、多项选择题

1. AD	2. DE	3. ABD	4. ABCD
5. ABCD	6. ABD	7. ABC	8. ABD
9. BCDE	10. ABDE	11. ABE	12. ABCDE

五、简答题

1. 采用趋势预测分析法时应当注意的问题主要有哪些？

答：趋势预测分析法是根据企业历史的、按发生时间的先后顺序排列的一系列销售数据，应用一定的数学方法进行加工处理，按时间序列找出销售随时间而发展变化的趋势，由此推断其未来发展趋势的分析方法。常用的趋势分析法有算术平均法、加权平均法、指数平滑法等。采用趋势预测分析法应当注意：(1) 该方法假设事物的发展将遵循延续性原则，是可以预测的，因此发现销售变化的规律是十分重要的。(2) 根据销售变化的规律采用适当的预测方法，如在销售比较稳定的情况下，往往采用算术平均法，而当产品销售呈现某种上升或下降的趋势，则应采用加权平均法或指数平滑法。(3) 根据管理的不同要求，适当地灵活应用。在采用指数平滑法时，如果用于近期预测，a 的取值应大；而用于远期预测，a 的取值应小。

2. 算术平均法与加权平均法的适用范围是什么？

答：(1) 算术平均法，就是把若干历史时期的销售量或销售额作为观察值，求出其简单平均数，并将平均数作为下期销售的预测值。在销售比较稳定的情况下，往往采用该方法。如果产品的销售额或销售量呈现某种上升或下降的趋势，就不能简单地采用该方法。

(2) 加权平均法，是将若干历史时期的销售量或销售额作为观察值，将各个观察值与各自的权数相乘之积加总，然后除以权数之和，求出其加权平均数，并将加权平均数作为销售量的预测值。按照各个观察值与预测值不同的相关程度分别规定适当的权数，是运用加权平均法进行销售预测的关键。当各历史时期的销售量呈现增减趋势时，为了体现这种增减趋势，有必要将近期的观察值的权数规定得大一些，远期的观察值的权数规定得小一些，使预测值更接近近期的观察值。

六、计算题

1. 答：

(1) 用算术平均法计算。

$$20\times5\text{年彩色显像管预测销售量}=\frac{25+30+36+40+50}{5}=36.2(\text{万只})$$

(2) 用加权平均法计算。

$$20\times5\text{年彩色显像管预测销售量}=25\times0.1+30\times0.1+36\times0.2+40\times0.2+50\times0.4=40.7(\text{万只})$$

2. 答：

计算结果见表4-3。

表4-3 计算表

年份 n	产量 (x)	单位产品成本	总成本 (y)	xy	x^2
1	500	70	35 000	17 500 000	250 000
2	600	69	41 400	24 840 000	360 000
3	400	71	28 400	11 360 000	160 000
4	700	69	48 300	33 810 000	490 000
5	800	65	52 000	41 600 000	640 000
$n=5$	$\sum x=3\,000$		205 100	129 110 000	1 900 000

$$b=\frac{n\sum xy-\sum x\sum y}{n\sum x^2-(\sum x)^2}=\frac{5\times129\,110\,000-3\,000\times205\,100}{5\times1\,900\,000-3\,000\times3\,000}$$

$$=60.5(\text{元})$$

$$a=\frac{\sum y-(b\times\sum x)}{n}=\frac{205\,100-181\,500}{5}=4\,720(\text{元})$$

计划年度产品预计总成本为：

$$y=4\,720+60.5\times850=56\,145(\text{元})$$

计划年度产品预计单位成本为：

$$b=\frac{56\,145}{850}=66.05(\text{元})$$

教材习题解析

一、思考题

1. 定性销售预测和定量销售预测的优缺点是什么？其适用范围是什么？

答：(1) 定性销售预测又称定性分析法，主要是依靠预测人员丰富的实践经验和知识以及主观的分析判断能力，在考虑政治经济形势、市场变化、经济政策、消费倾向等对经营影响的前提下，对事物的性质和发展趋势进行预测和推测的分析方法。定性销售预测又分为判断分析法和调查分析法两大类。

定性预测的优点在于注意对当期事物发展变化的把握，在资料不足的情况下可以加快预测速度；缺点是容易受主观因素的影响，科学依据不足，准确性、可靠性较差。

(2) 定量销售预测也称数量分析法，主要是应用数学方法对与销售有关的各种经济信息进行科学的加工处理，建立相应的数学模型，充分揭示各有关变量之间的规律性联系，并做出相应的预测结论的分析方法。定量销售预测主要有趋势预测分析法、因果预测分析法、季节预测分析法等。

定量预测的优点是结果的客观性。但由于经济生活的复杂性，并非所有影响因素都可以通过定量进行分析，某些因素（例如，政治经济形势的变动、消费倾向、市场前景、宏观环境的变化等）只有定性的特征，定量预测比较机械，难以预测事物的发展变化；再者，定量分析也存在其本身的局限性，任何数学方法都不能概括所有复杂的经济变化情况。如果不结合预测期间的政治、经济、市场以及政策方面的变化情况，必然会导致预测结果脱离客观实际。所以，我们必须根据具体情况，把定量分析与定性分析方法结合起来使用，这样才能收到良好的效果。

除此之外，定量预测的结果通常比定性预测更加精确。

2. 某家具公司采用调查分析法进行销售预测时应如何做？

答：通过对有代表性顾客的消费意向进行调查，了解市场需求的变化趋势，了解顾客明年的购买量，了解顾客的财务状况和经营成果，了解顾客的消费爱好、习惯和购买力的变化，了解顾客购买本公司产品占其总需要量的比重和选择供应商的标准等，对销售预测将有更大的帮助。

例如，某家具公司对近年本市住房情况及家具购买情况进行调查，形成以下调查资料，见表4-4。

表4-4　基础数据表

住房情况	家庭户数（个）	每户每年平均购买额（元）
已登记结婚的无房户	80 000	2 000
迁入新房户	10 000	40 000
原住户	500 000	10 000

根据表 4－4 的资料，该家具公司预测的市场潜量及该家具公司所具有的销售潜量如表 4－5 所示。

表 4－5 分析数据表

住房情况	家庭户数（个）	每户每年平均购买额（元）	市场潜量（元）	本公司最高市场占有率	本公司市场潜量（元）
已登记结婚的无房户	80 000	2 000	160 000	7%	11 200
迁入新房户	10 000	40 000	400 000	20%	80 000
原住户	500 000	10 000	5 000 000	5%	250 000
合计	590 000	—	5 560 000	—	341 200

该家具公司采用调查分析法预测在本市家具销售潜量为 341 200 元。

3. 试述成本预测的基本步骤。

答：一般来说，成本预测的步骤包括：

（1）根据企业的经营总目标，提出初步的目标成本；

（2）预测在当前生产经营条件下成本可能达到的水平，并找出与初步目标成本的差距；

（3）提出各种降低成本的方案，对比、分析各种成本方案的经济效果；

（4）选择成本最优方案并确定正式目标成本。

4. 利用预计资产负债表法进行资金需要总量预测的理论依据是什么？

答：预计资产负债表法是借助编制预计资产负债表来预计预测期资产规模、占用资金量和可筹集的资金来源，从而测算资金需要量的一种方法。资产负债表是反映企业某一时点资金占用（资产）和资金来源（负债和所有者权益之和）平衡状况的会计报表，体现了资产＝负债＋所有者权益的恒等关系。因此，企业增加的资产，必然是通过增加负债或所有者权益的途径予以解决的。于是，通过预计资产的增减，就可以在确定内部增量资金数额的基础上确定需要从外部筹措的资金数额。

5. 固定资产资金占用量预测需要注意哪些问题？

答：固定资产资金占用量预测是对未来一定时期内企业进行生产经营活动需新增的固定资产和对应的资金占用量进行预测。为此，首先要预测固定资产的需要量，具体是根据企业的生产经营方向、生产经营任务和现有的生产能力，预测企业为完成生产经营任务所需要的固定资产数量。固定资产需要量的预测既要保证生产经营的正常需要，又要尽可能节约资金，减少占用；既要考虑企业现有的技术条件，充分利用、挖掘现有的生产经营能力，又要尽可能地采用先进的科学技术成果，不断提高企业生产经营技术的现代化水平。由于企业的固定资产种类繁多，生产经营活动对各类固定资产需要的具体情况非常复杂，所从事的行业不同，其差别也很大，预测时不可能逐一详细计算，而必须有重点地进行。例如，在工业企业全部固定资产中，生产设备是企业进行生产经营活动的基本条件，往往品种繁多、构成复杂、数量很大、占用资金最多，因此固定资产需要量的预测应以生产设备为重点。在工业企业全部固定资产中，生产设备是企业进行生产经营活动的主要物质技术基础，是决定生产经营的基本因素。在正确预测生产设备需要量的基础上，其他各类固定资产可以根据生产设备配套的需要量合理地进行测算。

二、练习题

1. 答：

$$20\times1\text{ 年成本利润率}=\frac{\text{基年产品利润}}{\text{基年产品成本}}\times100\%$$

$$=\frac{1\,181\,700-900\,000}{900\,000}\times100\%=31.3\%$$

$$\text{销售量变动对利润的影响}=900\,000\times10\%\times31.3\%=28\,170(\text{元})$$

$$\text{A 产品售价上升对利润的影响}=5\,000\times\frac{110-100}{1+13\%}$$

$$=44\,247.79(\text{元})$$

$$20\times2\text{ 年销售利润}=1\,181\,700-900\,000+28\,170+44\,247.79$$

$$=354\,117.79(\text{元})$$

2. 答：

根据2019年12月31日的资产负债表，分析各项目与当年销售收入总额的依存关系，并编制该年度用销售百分比形式反映的资产负债表，如表4-6所示。

表4-6 资产负债表（按销售百分比形式反映）

2019年12月31日　　单位：元

资产		负债及所有者权益	
货币资金	20 000/1 000 000=2%	应付账款	150 000/1 000 000=15%
应收账款	170 000/1 000 000=17%	应付票据	不变动
存货	200 000/1 000 000=20%	长期借款	不变动
固定资产	300 000/1 000 000=30%	实收资本	不变动
无形资产	不变动	未分配利润	不变动
合计	69%	合计	15%

未来年度每增加1元的销售量需要增加筹资的百分比为：

$$69\%-15\%=54\%$$

上述计算表明，销售每增加1元，全部资产将增加0.69元，负债将增加0.15元，尚欠0.54元需要通过筹资取得。因此，预计2020年应筹集的资金为：

$$(1\,500\,000-1\,000\,000)\times54\%=270\,000(\text{元})$$

最后，还应估计新增利润，并考虑可从未分配利润中获取部分资金等因素。本案例中，2020年销售收入为1 500 000元，按照税后净利占销售额4%计算，为60 000元，已分配利润30 000元，未分配的30 000元利润可以冲抵部分筹资额。因此，预计的筹资额应为：

270 000－30 000＝240 000(元)

第 5 章
Chapter 5
生产经营决策

学习目标

通过本章的学习，帮助同学们在对第 2，3，4 章所阐述的基本概念和基本方法有了基本理解的基础上，结合生产经营管理的重要内容，深入理解并掌握在生产经营决策中的应用。

学习指导

1. 学习重点

（1）定价决策、功能成本决策、品种决策、产品组合决策、生产组织决策的内容与方法。

（2）从更广泛的角度理解和掌握生产经营决策的概念本质、理论基础、程序应用、内容展开和方法原理，并能够融会贯通地掌握生产经营决策的相关内容。

（3）通过本章学习，更好地理解管理会计的本质特征——管理会计是以使用价值管理为基础的价值管理。

2. 学习难点

对于没有实践经验、不了解生产流程和经营管理内容的学生来说，决策是比较困难的。因此，应注意：

（1）理论与实践相结合。一定要掌握基本理论、基本概念和基本方法，在对生产流程和经营管理有了一定了解的情况下，才能运用于实践，学以致用。

（2）在学习中要循序渐进，注意各章节之间的联系，注意许多概念和方法往往可以灵活地应用于不同的管理方向和内容，要注意培养分析判断的能力。

练习题

一、名词解释

1. 产品功能成本决策
2. 价值系数
3. 贡献毛益分析法
4. 差量分析法
5. 成本无差别点分析法
6. 成本分界点
7. 最优生产批量
8. 相对成本
9. 成本计划评审法
10. 成本加成定价法

二、判断题（正确的划√，错误的划×）

1. 对于亏损产品来说，不存在是否应当增产的问题。（　）

2. 利用成本无差别点做生产经营决策时，如果业务量大于成本无差别点时，则应选择固定成本较高的方案。（　）

3. 成本无差别点分析法适用于收入成本型方案的最优选择。（　）

4. 决策中，只需要根据单位贡献毛益额的大小即可进行最优决策。（　）

5. 差量损益既是差量收入与差量成本之间的数量差异，又是两个备选方案的预期收益之间的数量差异。（　）

6. 差量分析法严格要求区分两个备选方案中哪个是比较方案，哪个是被比较方案。（　）

7. 差量分析法仅适用于两个方案之间的比较。（　）

8. 贡献毛益的大小，反映了备选方案对企业目标利润所做贡献的大小。（　）

9. 在"是否接受低价追加订货的决策"中，如果追加订货量大于剩余生产能力，必然会出现与冲击正常生产任务相联系的机会成本。（　）

10. 只要亏损产品能够提供贡献毛益额，就一定要继续生产；凡不能提供贡献毛益额的亏损产品，都应予以停产。（　）

11. 由于外购零件而使得剩余生产能力出租获取的租金收入，应作为自制方案的机会成本考虑。（　）

12. 产品组合决策就是确定各种产品生产多少的决策。（　）

13. 年成本曲线是凹形曲线，在年成本最低点处年准备成本与储存成本相等。（　）

14. 如果用一台设备轮换生产几种零部件或产品，其中某种零部件或产品的经济批量等于该零部件或产品全年产量与最优共同生产批数之商。（　）

15. 一般而言，生产工艺越先进，其单位变动成本越高，固定成本越低。（　）

16. 当一种零部件可以由多种设备加工时，一般而言，零部件应该交由相对

成本较低的设备去加工。 (　　)

17. 当生产任务增加而各车间的生产能力又有剩余时，为达到总成本最低的目的，应将增产任务分配给单位成本最低的车间。 (　　)

18. 在成本计划评审法运用中，既要控制时间又要控制成本。 (　　)

19. 安排赶工的成本斜率原则上应高于提前完成整个项目一天的收益额。 (　　)

20. 测定产品销售价格时需要考虑成本、需求、竞争、科技、法规等方面因素的影响。 (　　)

21. 追求最大利润就意味着追求最高价格。 (　　)

22. 一般在同行业中实力雄厚、竞争力强的大型企业才可以把一定的投资利润率作为长期定价目标。 (　　)

23. 成本是构成产品价格的基本因素，也是价格的最低经济界限。 (　　)

24. 凡是新产品的价格制定，都可以以成本为基础定价。 (　　)

25. 我们可以通过销售增长率来确定产品所处寿命周期的阶段，并结合该阶段产品的质量、成本、产销量、竞争情况等因素制定产品价格策略。 (　　)

26. 在产品投入期采用渗透策略，可以迅速收回投资，保证获得初期高额利润。 (　　)

27. 产品成长期应该是企业获利最多的时期，因此这个时期的目标利润率应高于整个寿命周期里的平均利润率。 (　　)

28. 就产品生产而言，生产批量越大越好。 (　　)

29. 产品功能与成本之间的关系，可以用如下公式表示：价值（V）＝功能(F)/成本(C)。 (　　)

30. 在产品成本提高的情况下，功能提高的幅度小于成本提高的幅度，将会提高产品的价值。 (　　)

31. 进行功能成本分析时，可以从畅销产品中选取，不仅可降低成本，而且能使该产品处于更有利的竞争地位。 (　　)

32. 销售增长率测定法是利用销售增长率判断产品组合优化的一种方法。 (　　)

33. 一般而言，当销售增长率大于等于0.1时，表示产品处于成长期。 (　　)

34. 在品种决策中，经常以成本作为判断方案优劣的标准，有时也以贡献毛益额作为判断标准。 (　　)

35. 功能成本决策的目的在于以最低的成本实现产品适当的、必要的功能，以提高企业的经济效益。 (　　)

36. 产品组合决策适用于资源无限的多品种产品生产的企业。 (　　)

三、单项选择题

1. 某企业20×4年生产某亏损产品的贡献毛益总额为3 000元，固定成本是1 000元，假定20×5年其他条件不变，但生产该产品的设备可对外出租，一年的增加收入为（　　）元时，应停产该种产品。

A. 2 001　　B. 3 000　　C. 1 999　　D. 2 900

2. 两个可供选择的方案之间预期成本的差异即是（　　）。

A. 边际成本　　B. 变动成本

C. 差量成本　　D. 机会成本

3. 在短期经营决策中，企业不接受特殊价格追加订货的原因是买方出价低于（　　）。

A. 正常价格　　B. 单位产品成本

C. 单位变动成本　　D. 单位固定成本

4. 在存在专属成本的情况下，通过比较不同备选方案的（　　）来进行择优决策。

A. 贡献毛益总额　　B. 剩余贡献毛益总额

C. 单位贡献毛益　　D. 单位剩余贡献毛益

5. 在不存在专属成本的情况下，通过比较不同备选方案的（　　）来进行择优决策。

A. 贡献毛益总额　　B. 剩余贡献毛益总额

C. 单位贡献毛益　　D. 单位剩余贡献毛益

6. 在企业的某项资源受到限制的情况下，通过比较不同备选方案的（　　）来进行择优决策。

A. 贡献毛益总额　　B. 剩余贡献毛益总额

C. 单位产品贡献毛益　　D. 单位资源贡献毛益

7. 剩余贡献毛益与贡献毛益之差为（　　）。

A. 变动成本　　B. 固定成本

C. 专属成本　　D. 联合成本

8. 差量分析法适用于（　　）方案的择优选择。

A. 收入型　　B. 成本型

C. 收益型　　D. 以上都不是

9. 通过比较各备选方案贡献毛益的大小来确定最优方案的分析方法，称为（　　）。

A. 差量分析法　　B. 概率分析法

C. 贡献毛益分析法　　D. 成本无差别点分析法

10. 在进行半成品是否进一步深加工决策时，应对半成品在加工后增加的收入和（ ）进行分析研究。

A. 进一步加工前的变动成本 B. 进一步加工追加的成本

C. 进一步加工前的全部成本 D. 加工前后的全部成本

11. 当企业利用剩余生产能力选择生产新产品，而且每种新产品都没有专属成本时，应将（ ）作为选择标准。

A. 销量价格 B. 成本

C. 贡献毛益 D. 产销量

12. 在将增产任务分配给车间时，应以（ ）为标准选择车间。

A. 单位成本 B. 单位变动成本

C. 单位贡献毛益 D. 单位机器工时贡献毛益

13. 成本计划评审法网络图中的关键路线是所有加工线路中所需时间（ ）的加工线路。

A. 最短 B. 最长 C. 平均 D. 任意

14. 安排赶工时，应先选择成本斜率（ ）的工作。

A. 低 B. 高 C. 平均 D. 按先后顺序

15. 生产经营决策是指不涉及新的固定资产的投资，一般只涉及一年以内的有关经济活动，以下项目中不属于生产经营决策的有（ ）。

A. 在生产多种产品品种的情况下，如何实现产品的最优组合

B. 在自制零件需要投入一定专属固定成本的情况下，对自制和外购方案进行选优

C. 寻找最佳的产品定价

D. 对联产品进一步加工所需的新设备做出是否投资的决策

16. 在进行产品增产决策时，对增产产品的选择以每一机器小时提供的贡献毛益的大小为依据，这是因为（ ）。

A. 各种产品的贡献毛益不同

B. 对于各种产品，每一机器小时生产出来的数量不同

C. 产品增产后总的效益取决于剩余生产能力的多少

D. 各种产品的单位净收益不同

17. 假设某厂有剩余生产能力1 000机器小时，有甲、乙、丙、丁四种产品可以选择，单位贡献毛益分别为4元、6元、8元和10元，生产一件产品所需的机器小时分别为4小时、5小时、6小时和7小时，则该厂应增产的产品是（ ）。

A. 甲产品 B. 乙产品

C. 丙产品 D. 丁产品

18. 有一企业同时生产甲、乙、丙三种产品，单位贡献毛益分别是200元、

120元和130元，三种产品的年利润分别是5 000元、5 200元和－800元，企业有多种方案可供选择，其中最好的是（　　）。

A. 将亏损800元的丙产品停产

B. 丙产品停产，用其腾出的生产能力生产贡献毛益总额较大且超过丙产品的产品

C. 丙产品继续生产

D. 丙产品停产，利用其腾出的生产能力转而生产利润最高的乙产品

19. 在产销平衡的情况下，一个企业同时生产多种产品，其中一种单位贡献毛益为正的产品最终变为亏损产品的根本原因在于（　　）。

A. 该产品存在严重积压

B. 该产品总成本太高

C. 该产品上分担的固定成本相对较高

D. 该产品销量太小

20. 某电子器件生产企业为满足客户追加订货的需要，增加了一些成本开支，其中（　　）是专属固定成本。

A. 为及时完成该批产品的生产购入一台新设备

B. 为及时完成该批追加订货支付职工加班费

C. 生产该批产品机器设备增加的耗电量

D. 该厂为生产该批产品及以后的生产建造了一间新的厂房

21. 设某厂需要甲零件，其外购单价为10元。若自行生产，单位变动成本为6元，且需要为此每年追加10 000元的固定成本，通过计算可知，当该零件的年需要量为（　　）件时，两种方案等效。

A. 2 500　　B. 3 000　　C. 2 000　　D. 1 800

22. 某厂生产需一种零件，其外购单价最高为1.2元，这一价格随采购数量的不同而变化：每增加1 000件，单价降低0.1元。若该零件自制能满足生产需要，不需追加固定成本，其单位成本为1元/件。设零件的数量在0～5 000件变动时，自制和外购方案的成本平衡点将是（　　）。

A. 不存在　　B. 2 000件

C. 2 000～3 000件　　D. 2 500件

23. 某公司生产甲产品，进一步加工可以生产更高级别的乙产品。甲、乙两种产品在市场的售价分别是50元/千克、120元/千克，但乙的生产每年需要追加固定成本20 000元，变动成本为10元/千克。若每千克甲产品可加工0.6千克乙产品，则该公司应该（　　）。

A. 进一步加工生产乙产品

B. 当甲产品的年销售数量超过1 250千克（或乙产品超过750千克）时，

甲产品应进一步加工成乙产品

C. 将甲产品出售，不应进一步加工

D. 两种方案任选其一

24. 在产品功能降低的情况下，成本降低的幅度（ ）功能降低的幅度，将会提高产品的价值。

A. 小于 B. 大于 C. 等于 D. 都不是

25. 功能成本评价中，应将目标成本按照（ ）进行分配。

A. 成本系数 B. 功能评价系数

C. 价值系数 D. 产销量

26. 功能成本评价的评分法是按产品或零部件的（ ）打分。

A. 成本系数 B. 价值评价系数

C. 功能评价系数 D. 功能重要程度

27. 作为降低成本主要目标的产品的价值系数应（ ）。

A. 大于1 B. 等于1 C. 小于1 D. 接近于1

28. 下列公式错误的有（ ）。

A. 产品价格=(单位预测成本+单位预测利润)/(1－销售税率)

B. 单位预测利润=该产品预测利润总额/该产品预测销售量

C. 产品价格=单位预测成本/(1－销售税率)

D. 销售利润率=该产品预测利润总额/该产品预测销售收入

29.（ ）是指在一种设备上可以加工几种零部件时，以某一种零部件的单位成本为基数（一般为1），将其他各种零部件的单位成本逐一与之相比而得到的系数。

A. 相关成本 B. 机会成本

C. 相对成本 D. 专属成本

30. 与生产批量成正比，与生产批次成反比的是（ ）。

A. 储存成本 B. 相对成本

C. 订货成本 D. 生产准备成本

31. 与生产批量成反比，与生产批次成正比的是（ ）。

A. 储存成本 B. 相对成本

C. 单位变动成本 D. 生产准备成本

32. 在固定成本不变的情况下，下列（ ）情况应该采取外购的策略。

A. 自制单位变动成本＜外购价格

B. 自制单位变动成本=外购价格

C. 自制单位变动成本＞外购价格

D. 自制单位产品成本＞外购价格

33. 某企业生产某种半成品 2 000 件，完成一定加工工序后，可以立即出售，也可以进一步深加工之后再出售。如果立即出售，售价为 15 元/件，若深加工后出售，售价为 24 元/件，但要多付加工费 9 500 元，则直接出售方案的相关成本为（　）元。

A. 48 000　　B. 30 000　　C. 38 500　　D. 0

四、多项选择题

1. 用贡献毛益法进行决策分析时，必须以（　）判断备选方案的优劣。

A. 贡献毛益总额　　B. 单位小时贡献毛益

C. 单位贡献毛益　　D. 机器小时贡献毛益

E. 贡献毛益率

2. 生产经营决策分析主要包括（　）。

A. 生产决策分析　　B. 定价决策分析

C. 销售决策分析　　D. 战略决策分析

E. 战术决策分析

3. 当剩余生产能力无法转移时，亏损产品不应停产的条件有（　）。

A. 该亏损产品的变动成本率大于 1

B. 该亏损产品的变动成本率小于 1

C. 该亏损产品的贡献毛益大于零

D. 该亏损产品的单位贡献毛益大于零

E. 该亏损产品的贡献毛益率大于零

4. 贡献毛益法适用于（　）。

A. 收入成本型方案的择优决策

B. 企业的各种经营决策

C. 收益型方案的择优决策

D. 不需用的机器设备是出售还是出租

E. 出售半成品还是出售完工产品

5. 差量成本这一概念经常用于（　）的决策。

A. 不同生产能力利用率下的成本差别

B. 接受追加订货

C. 零部件是外购还是自制

D. 某项不需用的设备是出租还是出售

E. 半成品直接出售还是加工为成品后再出售

6. 下列各项中属于生产经营决策的有（　）。

A. 调价的决策　　B. 深加工的决策

C. 最优售价的决策　　D. 生产工艺技术方案的决策

E. 亏损产品的决策

7. 在半成品进一步深加工决策中，差量成本的构成项目有（　　）。

A. 原有生产能力的维持成本

B. 新增专属固定成本

C. 原有生产能力对外出租收入

D. 半成品自制成本

E. 继续深加工的变动成本

8. 下列各项中属于生产经营相关成本的有（　　）。

A. 增量成本　　B. 机会成本

C. 不可避免成本　　D. 沉没成本

E. 专属成本

9. 影响价格制定的基本因素包括（　　）。

A. 成本因素　　B. 竞争因素

C. 需求因素　　D. 相关工业产品的销售量

E. 商品的市场生命周期因素

10. 功能成本决策过程中，应选择（　　）作为分析对象。

A. 结构复杂、零部件多的产品　　B. 投产期长的老产品

C. 畅销产品　　D. 零部件消耗量大的产品

E. 工艺复杂、工序繁多的产品

11. 围绕功能成本决策的分析对象，应收集的资料包括（　　）。

A. 产品的需求状况　　B. 产品竞争状况

C. 产品设计、工艺加工情况　　D. 经济分析资料

E. 产品成本构成百分比情况

12. 在对亏损产品进行变动成本分析之后，可做出（　　）的选择。

A. 停产　　B. 继续生产

C. 出让　　D. 出租

E. 转产

13. 成本加成定价法可以利用（　　）来确定价格。

A. 计划成本　　B. 成本利润率

C. 销售税率　　D. 销售利润率

E. 实际成本

14. 非标准产品的定价有（　　）几种定价方法。

A. 固定价格合同　　B. 成本加成合同

C. 成本加固定费用合同　　D. 计划成本定价法

E. 奖励合同

15. 产品功能成本决策分为（　　）几个步骤。

A. 选择分析对象

B. 围绕分析对象收集各种资料

C. 功能评价

D. 试验与提案

E. 强制确定

16. 从产品寿命周期图可知，产品寿命周期可以分为（　　）。

A. 投入期

B. 成长期

C. 成熟期

D. 衰退期

E. 初始期

五、简答题

1. 如何根据价值系数选择成本控制目标？
2. 如何利用差量分析法进行决策？
3. 简述成本加成定价法、盈亏平衡法的优缺点。
4. 简述产品寿命周期各阶段的划分及其相对应的价格策略。

六、计算题

1. 某制造厂有一种通用设备，可以生产A产品，也可以生产B产品，两种产品预期的销售数量、销售单价和单位变动成本如表5-1所示。

表5-1 数据资料

项目	方案Ⅰ（A产品）	方案Ⅱ（B产品）
预期销售数量（件）	1 000	500
预期销售单价（元）	11	26
预期单位变动成本（元）	8	22

要求：利用差量分析法对该企业应该选用哪个备选方案较为有利进行决策。

2. 某企业现有设备生产能力是30 000个机器工时，其利用率为80%，现准备利用剩余生产能力开发新产品A，B或C，三种产品的资料如表5-2所示。

表5-2 数据资料

项目	A产品	B产品	C产品
单位产品定额工时（小时）	2	3	5
单位销售价格（元）	15	25	35
单位变动成本（元）	5	15	20

另外，在生产C产品时，需增加设备2 000元，假设三种产品市场销售不受限制。

要求：利用贡献毛益分析法进行决策。

3. 某汽车齿轮厂生产汽车齿轮，可用普通铣床、万能铣床或数控铣床进行加工，有关资料如表5-3所示。

表5-3 数据资料 单位：元

成本项目	普通铣床	万能铣床	数控铣床
变动成本	2.40	1.20	0.60
专属成本	90	180	360

要求：利用成本无差别点分析法进行加工方案决策。

4. 某企业有一闲置设备，既可用于甲产品的生产，又可用于出租。如果用于生产甲产品，其收入为50 000元，成本费用为30 000元；如果用于出租可获得租金收入15 000元。

要求：

（1）分别计算将设备用于生产和用于出租的机会成本。

（2）运用差量成本的概念帮助企业决策。

5. 某企业生产A，B，C三种产品，年度会计决算结果表明，A产品盈利75 000元，B产品盈利19 000元，C产品亏损60 000元，其他有关资料如表5-4所示。

表5-4 数据资料 金额单位：元

项目	A产品	B产品	C产品	合计
销售量（件）	1 000	1 200	1 800	
单位售价	900	700	500	
单位变动成本	700	580	450	
单位贡献毛益	200	120	50	
贡献毛益总额	200 000	144 000	90 000	434 000
固定成本	125 000	125 000	150 000	400 000
利润	75 000	19 000	−60 000	34 000

要求：分析C产品是否应停产。

6. 某厂生产A产品，其中零件下个年度需18 000个，如外购每个进价60元。如利用车间生产能力进行生产，每个零件的直接材料费30元，直接人工费20元，变动制造费用8元，固定制造费用6元，合计64元。假设该车间的设备不接受自制任务，也不作其他安排。

要求：决策下个年度零件是自制还是外购。

7. 假定上题中自制零件方案需增添专用设备两台，每台价值100 000元，使用期限5年，假定没有残值，按直线法计提折旧，每年为40 000元。

要求：根据这一变化，判断该厂零件是自制有利还是外购有利。

8. 某企业生产A产品，其中半成品原来对外销售，现根据生产能力和市场需要，计划将半成品进一步加工为成品对外销售，另外继续加工需向银行借款买设备，年折旧费为30 000元，利息费为22 500元，其他资料如表5-5所示。

表5-5 数据资料

项目	半成品	成品
单价（元）	60	100
单位变动成本（元）	42	78
销售数量（件）	20 000	18 000

要求：对企业计划做出决策。

9. 某化工企业在生产过程中同时生产A，B，C，D四种新产品，其中，B产品可以在分离后立即出售，也可继续加工后出售。其他资料如下：产量8吨，分离后销售单价为6 000元，加工后销售单价为10 000元，联合成本为2 000元，可分成本为单位变动成本5 000元，固定成本20 000元。

要求：对B产品是否进一步加工做出决策。

10. 某企业计划生产A产品3 600件，每天可生产40件，产销平衡，每批调整准备成本为200元，每件产品储存成本为5元。

要求：试计算最优生产批量、批次以及最优生产批量点的成本。

11. 某服装企业生产衬衫，有两种方式可供选择：人力缝纫机制造时单位变动成本为52元，专属固定成本为20 000元；电动缝纫机制造时单位变动成本为46.33元，专属固定成本为50 000元。

要求：

（1）计算成本无差别点。

（2）确定生产20 000件衬衫时的生产方式。

12. 某企业预计年生产C产品10 000件，工厂总成本为450 000元，其中，直接原料280 000元，直接人工费用80 000元，其他变动费用40 000元，固定费用50 000元，目标成本利润率40%。

要求：按成本加成法确定C产品价格，并确定生产8 000件、12 000件时的价格。

13. 某企业只生产一种产品，全年最大生产能力为1 200件。年初已按100元/件的价格接受正常任务1 000件，该产品的单位完全生产成本为80元/件（其中，单位固定生产成本为30元）。现有一客户要求以70元/件的价格追加订货。

要求：请考虑以下互不相关的情况，用差量分析法为企业做出是否接受低价追加订货的决策，并说明理由。

（1）剩余能力无法转移，追加订货量为200件，不增加专属成本。

（2）剩余能力无法转移，追加订货量为200件，但因有特殊要求，企业需追加1 000元专属成本。

（3）同（1），但剩余能力可用于对外出租，可获租金收入5 000元。

(4) 剩余能力无法转移，追加订货量为 300 件，因有特殊要求需追加 1 000 元专属成本。

14. 某企业现有生产能力 40 000 机器小时，尚有 20%的剩余生产能力，为充分利用生产能力，准备开发新产品，有甲、乙、丙三种新产品可供选择，资料如表 5-6 所示。

表 5-6　数据资料

项目	甲产品	乙产品	丙产品
预计售价（元）	100	60	30
预计单位变动成本（元）	50	30	12
单位定额机时（小时）	40	20	10

要求：

(1) 根据以上资料做出开发哪种新产品的决策。

(2) 如果丙产品的年市场需求量是 600 件，为充分利用生产能力又将如何安排？

练习题参考答案

一、名词解释

1. 产品功能成本决策，是将产品的功能（产品所担负的职能或所起的作用）与成本（为获得产品一定功能必须支出的费用）对比，寻找降低产品成本途径的管理活动，其目的在于以最低的成本实现产品适当的、必要的功能，提高企业的经济效益。

2. 价值系数，是功能与成本之比，即功能评价系数与成本系数的比值。

3. 贡献毛益分析法，是在成本性态分类的基础上，通过比较各备选方案贡献毛益的大小来确定最优方案的分析方法，适用于收入成本型（收益型）方案的择优决策。

4. 差量分析法，是指企业在进行不同方案的比较选择过程中，根据两个备选方案间的差量收入、差量成本计算的差量损益进行最优方案选择的方法。

5. 成本无差别点分析法，是一种利用成本无差别点决定不同方案的不同业务量优势区域，进行最优化方案的选择的方法，适用于成本型方案的选择。

6. 成本分界点，也称成本无差别点，是不同方案所引起的增量成本相等时对应的产量限度点，高于或低于该产量时，不同方案就会具有不同的产量优势区域。

7. 最优生产批量，是指生产准备成本与储存成本总和最低时的生产批量。

8. 相对成本，是指在一种设备可以加工几种零部件时，以一种零部件的单位成本为基数（一般为 1），将其他各种零部件的单位成本逐一与之相比而得到的系数（倍数）。

9. 成本计划评审法，是将一项工程或生产项目分解为前后连接的若干工作或作业，并预计它们所需的正常时间、赶工时间、正常成本和赶工成本，以求在赶工安排中提高经济效益的方法。

10. 成本加成定价法，即以单位预测完全成本（或目标完全成本）为基础，加上一定数额的利润来确定产品价格的方法。

二、判断题

1. ×	2. √	3. ×	4. ×
5. √	6. ×	7. √	8. √
9. √	10. ×	11. √	12. √
13. √	14. √	15. ×	16. √
17. ×	18. √	19. ×	20. √
21. ×	22. √	23. √	24. √
25. √	26. ×	27. √	28. ×
29. √	30. ×	31. √	32. ×
33. √	34. √	35. √	36. ×

三、单项选择题

1. B	2. C	3. C	4. B
5. A	6. D	7. C	8. C
9. C	10. B	11. C	12. B
13. B	14. A	15. D	16. C
17. D	18. B	19. C	20. A
21. A	22. C	23. B	24. B
25. C	26. D	27. C	28. C
29. C	30. A	31. D	32. C
33. C			

四、多项选择题

1. ABD	2. AB	3. BCDE	4. AC
5. ABCDE	6. ABCDE	7. BCE	8. ABE
9. ABCDE	10. ABCDE	11. ABCDE	12. ABCDE
13. ABD	14. ABCE	15. ABCD	16. ABCD

五、简答题

1. 如何根据价值系数选择成本控制目标？

答：如果价值系数等于1或接近于1，说明零件的功能与成本基本相当，因而也就不是降低成本的主要目标；如果价值系数大于1，说明零件的功能过剩或成本偏低，该零件功能得到满足的情况下，已无必要进一步降低成本或减少过剩功能；如果价值系数小于1，说明与功能相比成本偏高，应以降低成本为主要目标，进一步寻找提高功能、降低成本的潜力。

2. 如何利用差量分析法进行决策？

答：差量分析法是通过比较两个备选方案的差量损益来做决策的方法，具体做法是：

（1）计算两个方案预期收入之间的数量差异，即差量收入。

（2）计算两个方案预期成本之间的数量差异，即差量成本。

（3）计算两个方案预期差量收入与差量成本之间的数量差异即差量损益，或直接比较两个方案的损益也可计算得出差量损益。

当差量损益大于零时，比较方案可取。

当差量损益小于零时，被比较方案可取。

3. 简述成本加成定价法、盈亏平衡法的优缺点。

答：（1）成本加成定价法的优点：预测企业成本比预测市场需求更有把握，因而可以减少需求变动对价格的调整次数，可以保证生产耗费得到补偿。

成本加成定价法的缺点：很难适应市场需求的变化，往往导致定价过高或偏低；企业生产多种产品时，难以准确分摊间接费用，从而导致定价不准确。

（2）盈亏平衡法的优点：简便易行，能向企业提供可获必要利润的最低价格。

盈亏平衡法的缺点：由于销售量往往受价格影响，因而计算的准确性受到了一定的影响。

4. 简述产品寿命周期各阶段的划分及其相对应的价格策略。

答：产品寿命周期是指某种产品从投入市场开始直到退出市场为止的整个过程，一般划分为投入期、成长期、成熟期和衰退期四个阶段。产品投入期一般采用撇脂策略或渗透策略，成长期一般采用目标价格策略，成熟期则一般采用竞争价格策略，衰退期一般采用维持价格策略或变动成本价格策略。

六、计算题

1. 答：

B产品与A产品的差量收入＝26×500－11×1 000＝2 000(元)

B产品与A产品的差量成本＝22×500－8×1 000＝3 000(元)

B产品与A产品的差量损益＝2 000－3 000＝－1 000(元)

计算结果说明生产B产品比生产A产品要损失1 000元，所以应选取方案Ⅰ，即生产A产品。

2. 答：

该企业现有剩余工时＝30 000×20%＝6 000(小时)

根据已知数据可得到表5-7。

表5-7 损益分析表

项目	生产A产品	生产B产品	生产C产品
最大产量（件）	6 000/2=3 000	6 000/3=2 000	6 000/5=1 200
单位销售价格（元）	15	25	35
单位变动成本（元）	5	15	20
单位贡献毛益（元）	10	10	15
贡献毛益总额（元）	30 000	20 000	18 000
专属成本（元）	—	—	2 000
剩余贡献毛益总额（元）	—	—	16 000
单位产品定额工时（小时）	2	3	5
单位工时贡献毛益额（元）	5	3.33	2.67

从计算结果可知，生产A产品最有利。因为：首先，A产品的贡献毛益总额为30 000元，比B产品多10 000元（30 000－20 000），比C产品的剩余贡献毛益总额多14 000元（30 000－16 000）。其次，A产品的单位工时贡献毛益额为5元，比B产品多1.67元（5－3.33），比C产品多2.33元（5－2.67）。可见，无论是从贡献毛益总额，还是从单位工时贡献毛益额来看，都是A产品的生产方案最优。

3. 答：

普通铣床的加工成本 $y_1=90+2.40x$

万能铣床的加工成本 $y_2=180+1.20x$

数控铣床的加工成本 $y_3=360+0.60x$

（1）普通铣床与万能铣床的成本分界点。

$y_1=y_2$

$90+2.40x=180+1.20x$

$x_1=75$(个)

（2）万能铣床与数控铣床的成本分界点。

$y_2=y_3$

$180+1.20x=360+0.6x$

$x_2=300$(个)

（3）普通铣床与数控铣床的成本分界点。

$y_1=y_3$

$90+2.4x=360+0.6x$

$x_3=150$(个)

加工方案决策为：（1）当零件的批量小于75个时，采用普通铣床的加工成本较低；当零件批量在75～300个之间时，采用万能铣床的加工成本较低；当零件批量超过300个时，采用数控铣床加工有利。(2) 当万能铣床不能生产时，加工批量在150个以内，采用普通铣床较好，当批量在150个以上时，则采用数控铣床加工成本较低。

4. 答：

(1) 将设备用于生产的机会成本为15 000元；将设备用于出租的机会成本为20 000元（50 000－30 000）。

(2) 生产与出租相比，差量收入为35 000元，差量成本为30 000元，差量收益为5 000元，因此，应选择将设备用于生产。

5. 答：

假设C产品停产，贡献毛益分析如表5－8所示。

表5－8 贡献毛益分析表 单位：元

项目	A产品	B产品	合计
销售收入	900 000	840 000	1 740 000
变动成本	700 000	696 000	1 396 000
贡献毛益总额	200 000	144 000	344 000
固定成本	200 000	200 000	400 000
利润	0	－56 000	－56 000

可见，由于停产了C产品，结果使整个企业由盈利34 000元变成亏损56 000元，因为产品C虽然亏损，但仍有正的贡献毛益额可以弥补部分固定成本。

6. 答：

自制零件的成本＝18 000×(30＋20＋8)＝1 044 000(元)

外购零件的成本＝18 000×60＝1 080 000(元)

自制零件的差量收益＝1 080 000－1 044 000＝36 000(元)

因此，应选择自制零件方案。

7. 答：

自制零件的预期成本 $y_1=40\,000+58x$

外购零件的预期成本 $y_2=60x$

当 $y_1=y_2$ 时，$x=20\,000$ 个。

因此，当 $x=20\,000$ 时，$y_1=y_2$，两个方案不分优劣。

当 $x<20\,000$ 时，$y_1>y_2$，外购方案较优。

当 $x>20\,000$ 时，$y_1<y_2$，自制方案较优。

8. 答：

差量收入＝18 000×100－20 000×60＝600 000(元)

差量成本＝18 000×78－20 000×42＝564 000(元)

新增固定费用＝30 000＋22 500＝52 500(元)

差量损益＝600 000－564 000－52 500＝－16 500(元)

所以，应选择将半成品出售方案。

9. 答：

差量收入＝10 000×8－6 000×8＝32 000(元)

差量成本＝5 000×8＋20 000＝60 000(元)

差量损失＝60 000－32 000＝28 000(元)

因此，B产品分离后不再加工，而应立即出售比较有利。

10. 答：

$$Q=\sqrt{\frac{2\times 3\,600\times 200}{5}}=537(\text{件})$$

$$N=\sqrt{\frac{3\,600\times 5}{2\times 200}}=6.70(\text{批})$$

$$TC=\sqrt{2\times 3\,600\times 200\times 5}=2\,683(\text{元})$$

11. 答：

(1) $20\,000+52X=50\,000+46.33X$

$X=5\,291(\text{件})$

成本无差别点为5 291件，小于5 291件采用人力缝纫机生产衬衫成本低，相反则应采用电动缝纫机生产衬衫。

(2) 由于衬衫生产量为20 000件，则应采用电动缝纫机生产衬衫。

12. 答：

(1) 生产10 000件时：

$$\text{单位售价}=\frac{450\,000\times(1+40\%)}{10\,000}=63(\text{元/件})$$

$$\text{单位变动成本}=\frac{450\,000-50\,000}{10\,000}=40(\text{元/件})$$

(2) 生产8 000件时：

变动成本总额＝8 000×40＝320 000(元)

固定成本＝50 000(元)

成本总额＝370 000(元)

$$\text{单价}=\frac{370\,000\times(1+40\%)}{8\,000}=64.75(\text{元/件})$$

(3) 生产12 000件时：

变动成本总额＝12 000×40＝480 000(元)

固定成本＝50 000(元)

成本总额＝530 000(元)

$$单价=\frac{530\,000\times(1+40\%)}{12\,000}=61.83(元/件)$$

13. 答：

(1) 单位变动成本＝80－30＝50(元/件)

差量损益＝(70－50)×200＝4 000(元)

因为单位变动成本小于订货价格，所以应接受订货。

(2) 差量损益＝4 000－1 000＝3 000(元)

所以应接受订货。

(3) 差量损益＝4 000－5 000＝－1 000(元)

所以应拒绝订货。

(4) 差量损益＝200×(70－50)＋100×(70－100)－1 000＝0

所以接受或拒绝订货均可。

14. 答：

(1) 根据资料进行分析，如表5-9所示。

表5-9 损益分析表 金额单位：元

项目	甲产品	乙产品	丙产品
剩余生产能力（小时）	8 000	8 000	8 000
最大产量（件）	200	400	800
单价	100	60	30
单位变动成本	50	30	12
单位产品贡献毛益	50	30	18
单位定额机时（小时）	40	20	10
单位机时贡献毛益	50÷40＝1.25	30÷20＝1.5	18÷10＝1.8
贡献毛益总额	1.25×8 000＝10 000	1.5×8 000＝12 000	1.8×8 000＝14 400

由表5-9可知，甲、乙两种产品提供的单位贡献毛益较多，但丙产品能提供的贡献毛益总额最多，为14 400元，所以，开发丙产品较为有利。

(2) 如果丙产品的年市场需求量为600件，为充分利用生产能力，首先应安排丙产品600件的生产，这时仍剩余机时2 000小时（8 000－600×10）。由于甲产品单位机时提供的贡献毛益是1.25，乙产品为1.5，因而剩余的机时应全部安排乙产品的生产，可以生产乙产品100件（2 000/20），这样才能使企业的贡献毛益最大，为13 800元（600×18＋100×30）。

教材习题解析

一、思考题

1. 由于价值等于功能除以成本，而功能是使用价值指标，成本是价值指标，请问管理会计是如何解决功能评价的计量问题的？

答：（1）以功能评价系数为基准，将功能评价系数与按目前成本计算的成本系数相比，确定价值系数；（2）将目标成本按价值系数进行分配，并确定目标成本分配额与目前成本差异值；（3）选择价值系数低、成本降低潜力大的作为重点分析对象。

2. 亏损产品就要停产吗？为什么？

答：在企业生产经营中，某种产品发生亏损是经常遇到的问题。对于亏损产品绝不能简单地予以停产，而必须综合考虑企业各种产品的经营状况、生产能力的利用及有关因素的影响，采用变动成本法进行分析后，做出停产、继续生产、转产或出租等最优选择。基本标准为：

（1）如果亏损产品能够提供贡献毛益额，弥补一部分固定成本，除特殊情况外（如存在更加有利可图的机会），一般不应停产。但如果亏损产品不能提供贡献毛益额，通常应考虑停产。

（2）亏损产品能够提供贡献毛益额，并不意味着该亏损产品一定要继续生产，如果存在更加有利可图的机会（如转产其他产品或将停止亏损产品生产而腾出的固定资产出租），能够使企业获得更多的贡献毛益额，那么该亏损产品应停产。

（3）在生产、销售条件允许的情况下，大力发展能够提供贡献毛益额的亏损产品，也会扭亏为盈，并使企业的利润大大增加。

（4）对不提供贡献毛益额的亏损产品，不能不加区别地予以停产。首先，应在努力降低成本上做文章，以期转亏为盈；其次，应在市场允许的范围内通过适当提高售价来扭亏为盈；最后，应考虑企业的产品结构和社会效益的需要。

3. 运用贡献毛益分析法进行择优决策的本质是什么？决策时应注意哪些问题？

答：贡献毛益分析法是在成本性态分类的基础上，通过比较各备选方案贡献毛益的大小来确定最优方案的分析方法。

运用贡献毛益分析法择优决策时的标准是贡献毛益总额较大的方案较优，贡献毛益总额大反映了备选方案对企业利润目标所做的贡献大。

在运用贡献毛益法进行备选方案的择优决策时，应注意以下几点：

（1）在不存在专属成本的情况下，通过比较不同备选方案的贡献毛益总额，能够正确地进行择优决策。

(2) 在存在专属成本的情况下，首先应计算备选方案的剩余贡献毛益（贡献毛益总额减专属成本后的余额），然后通过比较不同备选方案的剩余贡献毛益（或贡献毛益）总额，能够正确地进行择优决策。

(3) 在企业的某项资源（如原材料、人工工时、机器工时等）受到限制的情况下，应通过计算、比较各备选方案的单位资源贡献毛益额，来正确进行择优决策。

(4) 由于贡献毛益总额的大小既取决于单位产品贡献毛益额的大小，也取决于该产品的产销量，我们应该选择贡献毛益总额最大的。因为单位贡献毛益额大的产品，未必提供的贡献毛益总额也大，也就是说，决策中我们不能只根据单位贡献毛益额的大小来择优决策。

4. 运用差量分析法进行择优决策的本质是什么？决策时应注意哪些问题？

答：差量分析法是指企业进行不同方案的比较、选择的过程，实质是选择最大收益方案的过程，最大收益是在各个备选方案收入、成本比较中产生的。当两个备选方案具有不同的预期收入和预期成本时，根据这两个备选方案间的差量收入、差量成本计算的差量损益进行最优方案的选择。当差量损益确定后，就可以进行方案的选择：如果差量损益为正（即为差量收益），说明比较方案可取；如果差量损益为负（即为差量损失），说明被比较方案可取。

5. 成本无差别点分析法的特点是什么？

答：成本无差别点分析法是指在各备选方案的相关收入均为零，相关的业务量为不确定因素时，通过判断处于不同水平上的业务量与成本无差别点业务量之间的关系，来做出互斥方案决策的一种方法。

此方法要求各方案的业务量单位必须相同，方案之间的相关固定成本水平与单位变动成本水平恰好相互矛盾（如第一个方案的相关固定成本大于第二个方案的相关固定成本，而第一个方案的单位变动成本又恰好小于第二个方案的单位变动成本），否则无法应用该法。

成本无差别点业务量是指能使两方案总成本相等的业务量，又叫成本分界点。其基本公式为：

$$\text{成本无差别点业务量}=\frac{\text{两方案相关固定成本之差}}{\text{两方案单位变动成本之差}}$$

若令成本无差别点业务量为 X_0，A 方案固定成本为 a_1，单位变动成本为 b_1；B 方案固定成本为 a_2，单位变动成本为 b_2，且满足 $a_1>a_2$，$b_1<b_2$，则有

$$X_0=\frac{a_1-a_2}{b_2-b_1}\text{（因为 } a_1+b_1\cdot X_0=a_2+b_2\cdot X_0\text{）}$$

根据该法做出决策的判断标准是：

（1）若业务量大于成本无差别点 X_0，则固定成本较高的A方案优于B方案；

（2）若业务量小于成本无差别点 X_0，则固定成本较低的B方案优于A方案；

（3）若业务量恰好等于成本无差别点 X_0，则两方案的成本相等，效益无差别。

成本无差别点分析法的特点：通常应用于业务量不确定的零部件取得方式的决策和生产工艺技术方案的决策。

6. 简述成本计划评审法的基本要点。

答：成本计划评审法是指将一项工程或生产项目分解为前后连接的若干工作（或作业），并预计它们所需的正常时间、赶工时间、正常成本和赶工成本，以求在赶工安排中提高经济效益的方法。

为了使赶工能够获得经济效益，安排赶工时应遵循以下原则：

（1）应在关键路线上寻找需要赶工的工作，因为只有在关键路线上提前完工才能导致整个项目的提前完工。

（2）如果同时存在几条关键路线，应在这几条关键路线上同时安排赶工，并且提前同样长的时间。因为如果不同时在几条关键路线上赶工且时间不同，则整个项目就不能提前完工，或提前的时间将由最短的赶工时间决定。

（3）安排赶工时，应先安排成本斜率低的工作，后安排成本斜率较高的工作。

（4）安排赶工的工作的成本斜率原则上应低于提前完成整个项目一天的得益额。在特殊情况下（如赶工可以将人力、物力、财力转到其他更有利的工作），成本斜率可以等于提前完成整个项目一天的得益额。

二、练习题

1. 答：

（1）联合成本与决策无关，因此本题只考虑专属成本和单位变动成本。

为各方案建立方程式如下：

$$Y_A=700+4X$$
$$Y_B=500+6X$$
$$Y_C=900+3X$$

建立联立方程组并求解：

$$700+4X_{AC}=900+3X_{AC}$$
$$500+6X_{BC}=900+3X_{BC}$$
$$700+4X_{AB}=500+6X_{AB}$$

解方程得：

$X_{AC}=200$(件)

$X_{BC}=133.33\approx133$(件)

$X_{AB}=100$(件)

绘图并确定各方程式的交叉点及区间，如图 5-1 所示。

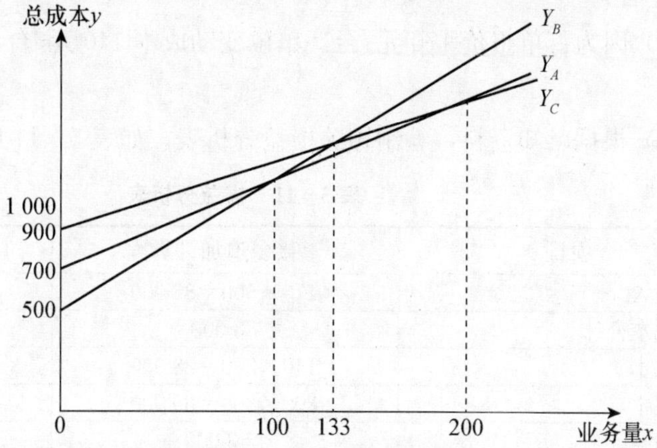

图 5-1

从图 5-1 可以看出，整个产量区间分为 0～100 件、100～133 件、133～200 件、200 件以上四个区域，其中 0～100 件时 B 方案最优，100～200 件时 A 方案最优，200 件以上时 C 方案最优。

(2) 预计甲产品生产 160 件，A 方案为最优方案。

2. 答：

根据资料进行分析，如表 5-10 所示。

表 5-10　损益分析表　　金额单位：元

项目	甲产品	乙产品	丙产品
剩余生产能力（小时）	64 000×20%＝12 800	12 800	12 800
最大产量（件）	12 800÷3.2＝4 000	2 667	2 000
单价	30	40	50
单位变动成本	7＋8＋5＝20	26	32
单位产品贡献毛益	10	14	18
专属成本			8 000
剩余贡献毛益	10×4 000－0＝40 000	37 338	28 000
单位工时贡献毛益	40 000÷12 800＝3.13	2.92	2.19

由表 5-10 可知，乙、丙两种产品提供的单位贡献毛益较多，但甲产品提供的剩余贡献毛益最多，为 40 000 元，所以，开发甲产品较为有利。

3. 答：

(1) 接受订货的边际贡献＝(320－300)×24 000－100 000＝380 000(元)

(2) 接受订货的边际贡献＝(320－300)×24 000－250 000＝230 000(元)

(3) 接受订货的边际贡献＝(320－300)×26 000－(650－300)×2 000

＝－180 000(元)

所以，在第一、二种情况下接受订货，第三种情况下拒绝订货。

4. 答：

(1) 因为订单报价170元/台＞单位变动成本140元/台，所以，可以接受追加订货。

(2) 根据已知资料，编制相关损益分析表，如表5-11所示。

表5-11 损益分析表 单位：元

项目	接受追加订货	拒绝追加订货
相关收入	170×500＝85 000	0
相关成本合计	88 000	
变动成本	140×200＝28 000	
机会成本	200×300＝60 000	
相关损益	－3 000	0

因为拒绝追加订货方案的相关损益最大，所以，应拒绝追加订货。

(3) 根据已知资料，编制相关损益分析表，如表5-12所示。

表5-12 损益分析表 单位：元

项目	接受追加订货	拒绝追加订货
相关收入	170×500＝85 000	0
相关成本合计	77 000	
变动成本	140×500＝70 000	
专属成本	2 000	
机会成本	5 000	
相关损益	＋8 000	0

因为接受追加订货方案的相关损益最大，所以，应接受追加订货。

(4) 根据已知资料，编制相关损益分析表，如表5-13所示。

表5-13 损益分析表 单位：元

项目	接受追加订货	拒绝追加订货
相关收入	170×500＝85 000	0
相关成本合计	83 000	
变动成本	140×400＝56 000	
专属成本	3 000	
机会成本	24 000	
其中：		
冲减正常任务收入	200×100＝20 000	
设备出租可获租金	4 000	
相关损益	＋2 000	0

因为接受追加订货方案的相关损益最大，所以应接受追加订货。

5. 答：

(1) 单位变动间接费用＝(15×10 000－125 000)÷10 000＝2.5(美元)

自制增量成本＝10 000×(35＋30＋2.5)＝675 000(美元)

外购增量成本＝10 000×(10.5＋30×80%＋37.5×90%)

＝682 500(美元)

因此，应当自制绲边。

(2) 10 000×(最高价格＋30×80%＋37.5×90%)＝675 000

最高价格＝9.75（美元）

即明尼唐公司对绲边可承受的最高购买价格为9.75美元/副。

(3) 自制增量成本＝12 500×(35＋30＋2.5)＋10 000＝853 750(美元)

外购增量成本＝12 500×(10.5＋30×80%＋37.5×90%)

＝853 125(美元)

因此，此时应当外购绲边。

(4) 剩余生产能力是否可以转移，外购时剩余设备是否能取得租金收入等因素都能影响公司的选择。

第 6 章 Chapter 6 存货规划与周转期控制

学习目标

通过本章的学习，帮助同学们了解企业存货的功能以及相关成本概念与存货决策的关系，掌握不同环境下存货管理的思路并熟练运用经济订货批量的基本模型及其扩展模型解决存货规划问题。

学习指导

1. 学习重点

（1）了解存货的功能，端正存货规划的目的（并不在于简单减少存货、降低存货成本，而是在满足生产经营需要的同时减少存货、降低存货成本）。

（2）了解存货决策相关的成本概念、成本构成及其与存货决策的关系，熟练掌握经济订货批量的基本模型及其扩展应用。

（3）了解环境因素变化对存货规划的影响，并从内外两个方面寻找加速存货周转、缩短存货周转期的路径和方法。

2. 学习难点

（1）在实际工作中，存货相关成本数据的分离、确认与计量。

（2）经济订货批量基本模型扩展应用中的特定概念及其应用。

（3）在了解技术发展影响（如适时制生产）的基础上，从战略、企业间的关系、业务流程和管理流程等方面解决存货规划和控制问题。

练习题

一、名词解释

1. 存货　　2. 采购成本
3. 订货成本　　4. 储存成本
5. 安全库存量　　6. 经济订货批量
7. 安全库存量的储存成本　　8. 库存耗竭成本
9. 再订购点　　10. 适时制生产
11. 零存货管理　　12. 存货周转期

二、判断题（正确的划√，错误的划×）

1. 缺货成本大多属于机会成本，由于单位缺货成本计算困难，因此在进行决策时，不用估算单位缺货成本。（　）

2. 接货人员的工资及仓库租金并不随购入量、储存量或订单数的变动而变动，属于固定订货成本或固定储存成本，与决策无关。（　）

3. 在有数量折扣的决策中，订货成本、储存成本是订购批量决策中的相关成本，而采购成本则与决策无关。（　）

4. 安全库存量的上限实际是按照交货期最长和每日耗用量最大这两种不正常现象同时发生为基础计算的。（　）

5. 一般来讲，当库存存货量降到采购间隔期的耗用量加上安全库存量的总和时，就应再次订购货物。（　）

6. 装卸费用既是随购入数量变动的成本项目，又是发出一次订单而发生的成本。（　）

7. 运输费用随存货数量变动而变动。（　）

8. 购买者可以利用数量折扣，取得较低商品价格、较低运输费、较低年订购费用，使得从大批量订购中得到的节约部分可能超过抵偿增支的储存成本。（　）

9. 库存耗竭成本是一项储存成本。（　）

10. 为采购存货而发生的借款利息属于不相关成本。（　）

11. 仓库保管人员的工资与储存成本相关。（　）

12. 在某种存货全年需求量已定的情况下，降低订货批量，必然增加订货批次。（　）

13. 当储存量含有约束性因素时，可通过租用新的库房、建造新仓库等来增加储存量，以达到最佳储存量的要求。（　）

14. 安全库存量的储存成本等于安全库存量乘以存货的单位储存成本。（　）

15. 在允许缺货的情况下，缺货成本是与决策无关的成本。（　　）

16. 适时制生产的目的是消灭存货，以达到成本最低。（　　）

17. 所有存货的采购成本都是与决策无关的成本。（　　）

18. 经济订货批量的确定与再订购点无关。（　　）

19. 宁可让员工闲着，也不要让他们生产出超出限额的存货，是推动式生产模式的要求。（　　）

20. 从零存货管理的要求看，管理在于暴露问题，而不是掩盖问题。（　　）

三、单项选择题

1. 下列各项中与再订购点无关的是（　　）。

A. 经济订货量　　B. 日耗用量

C. 交货日数　　D. 保险储备量

2. 下列各项中与经济订货量无关的是（　　）。

A. 每日消耗量　　B. 每日供应量

C. 储存变动成本　　D. 订货提前期

3. 下列各项中不属于订货成本的是（　　）。

A. 采购部门的折旧费　　B. 检验费

C. 按存货价值计算的保险费　　D. 差旅费

4. 某公司使用A材料，一次订货成本为2 000元，每单位成本为50元，经济订货批量为2 000个，资本成本率为10%，全年用量为8 000个。该材料单位储存成本中的付现成本是（　　）元。

A. 8　　B. 3　　C. 4　　D. 2

5. 数量折扣被视为机会成本时是指放弃可获得的最大订购量折扣而形成的机会成本，等于（　　）。

A. 最大订购量折扣

B. 该公司拟选订购政策的折扣

C. 最大订购量折扣与该公司拟选订购政策的折扣之间的差额

D. 最大订购量折扣与该公司拟选订购政策的折扣之和

6. 某公司需用A零件，每件60元，供应商为扩大销售规模，订购0～1 999件时，每件折扣为1.00元，订购2 000件以上时，每件折扣为2.00元。订购1 800件时，每件折扣净额是（　　）元。

A. 59　　B. 58　　C. 60　　D. 57

7. 某种商品的再订购点为680件，安全库存量为200件，采购间隔日数为12天，假设每年有300个工作日，则年度耗用量是（　　）件。

A. 11 000　　B. 10 000　　C. 12 000　　D. 13 000

8. 下列各项中，不属于储存成本的是（　　）。

A. 企业自设仓库的水电费、空调费

B. 按存货价值计算的保险费

C. 陈旧报废损失

D. 采购人员的检验费

9. 由于存货数量不能及时满足生产和销售的需要而给企业带来的损失称为（　　）。

A. 储存成本　　B. 缺货成本

C. 采购成本　　D. 订货成本

10. 储存成本中，凡总额大小取决于存货数量的多少及储存时间长短的成本，称为（　　）。

A. 固定储存成本　　B. 无关成本

C. 变动储存成本　　D. 资本成本

11. 首先从产品装配出发，每道工序和每个车间按照当时的需要向前一道工序和车间提出要求，发出工作指令，前面的工序和车间完全按这些指令进行生产的方式称为（　　）。

A. 推动式生产系统　　B. 拉动式生产系统

C. 预算工时　　D. 实际工时

12. 为避免由于延迟到货、生产速度加快及其他情况的发生，而将满足生产、销售需要的存货量称为（　　）。

A. 安全库存　　B. 营运库存

C. 超额库存　　D. 经营库存

13. 下列成本中属于决策无关成本的是（　　）。

A. 订货成本　　B. 固定订货成本

C. 变动订货成本　　D. 变动储存成本

14. 在卖方市场环境中，市场结构性矛盾是生产不出来，企业应该采用（　　）生产模式。

A. 拉动式　　B. 推动式

C. 计划型　　D. 定额型

15. 零存货要求（　　）。

A. 采购环节的存货为零

B. 按需要保持相应的存货

C. 销售环节的存货为零

D. 生产环节的存货为零

四、多项选择题

1. 存货对制造业绝大部分企业来说是必需的，因为（　　）。

A. 保证企业不间断的生产对原材料等的需要，应有一定的储存量
B. 满足产品销售批量化、经常化的需要，应有足够的半成品、产成品储存量
C. 保证企业均衡生产并降低生产成本，应有一定的储存量
D. 避免或减少经营中可能出现的失误和意外事故对企业造成的损失，应有一定的储存量
E. 零购物资价格较高，整批购买价格有优惠，出于价格考虑，应有一定的储存量

2. 企业为控制存货缺货成本，采取的方法主要有（　　）。
A. 提前订货　　B. 按经济订货量采购
C. 设置保险储备　　D. 供应与耗用保持一致
E. 增加每日送达存货的数量

3. 计算经济订货批量时，不需用（　　）项目。
A. 全年需要量　　B. 储存成本率
C. 单位存货年储存成本　　D. 平均储存量
E. 每次订货成本

4. 下列各项中属于缺货成本的有（　　）。
A. 停工期间的固定成本　　B. 因停工待料发生的损失
C. 无法按期交货而支付的罚款　　D. 停工期间的人员工资
E. 因采取应急措施补足存货而发生的超额费用

5. 在为存货模型选择数据时，应观察所掌握的每一项成本是否随（　　）的变化而变化。
A. 缺货的数量　　B. 存货的数量
C. 购入的数量　　D. 一年内发出的订单数
E. 全年需要量

6. 库存耗竭的发生，会导致（　　）。
A. 专程派人采购材料　　B. 停产等待新的材料运达
C. 失去顾客　　D. 经济损失
E. 增加平时储存量

7. 库存耗竭成本包括（　　）。
A. 备选供应来源的成本　　B. 失去顾客的成本
C. 失去商业信誉的成本　　D. 库存耗竭期内停产的成本
E. 缺货成本

8. 某企业年需要A材料20 000千克，单价1 000元/千克，一次订货成本40元，年储存成本率1%，则其经济订货量、经济订货次数为（　　）。

A. 经济订货量400千克　　B. 经济订货量40 000千克
C. 经济订货次数50次　　D. 经济订货次数6次
E. 经济订货量4 000千克，经济订货次数5次

9. 订货成本、储存成本中的固定部分和变动部分，可依据历史成本资料，采用（　）进行分解。
A. 高低点法　　B. 散布图法
C. 最小二乘法　　D. 约当产量法
E. 因素分析法

10. 存货过多，会导致（　）。
A. 占用大量的流动资金　　B. 增加仓库设施，扩大仓库容量
C. 增加管理费用，提高产品成本　　D. 易形成自然损耗
E. 增加储存成本

11. 安全库存量的确定方法主要有（　）。
A. 经验法　　B. 作业成本计算法
C. 成本法　　D. 不连续的概率法
E. 差量法

12. 在存货决策中，通常需要考虑的成本有（　）。
A. 采购成本　　B. 订货成本
C. 储存成本　　D. 缺货成本
E. 沉没成本

13. 在有数量折扣的情况下，属于订货批量决策中的相关成本的有（　）。
A. 订货成本　　B. 储存成本
C. 采购成本　　D. 缺货成本
E. 生产成本

14. 缩减生产准备时间的关键在于提高生产系统的柔性，基本途径是（　）。
A. 改变劳动工具　　B. 改变劳动对象
C. 更换劳动者　　D. 改变产品品种
E. 改变劳动场所

15. 从材料投入生产至产成品完工所需的全部时间称为生产周期，由（　）构成。
A. 生产准备时间　　B. 加工时间
C. 搬运时间　　D. 等候时间
E. 检验时间

五、简答题

1. 简述在存货决策中需要考虑哪几项成本。

2. 你认为在经济订货批量确认中应该注意的问题是什么？

3. 在储存量受限制的情况下，如何才能做出正确的决策？

4. 在适时制下，存货被认为对企业的经营有哪些负面影响？

六、计算题

1. 某公司的会计资料如下：

购买价格	每单位	5元
外部运费	每单位	0.5元
电话订货费		50元
装卸费	每单位	0.5元
存货保险	每年按存货价值的10%计算	
内部运费（材料运到公司的自营费用）		200元
仓储人员的月工资		600元
仓库租金	每月	1 000元
仓储年平均损失	每单位	1.1元
资本成本	每年	15%
每月处理的订单份数		500份

上述数据中，有的与决策相关，有的与决策无关，该材料年需求总量为5 000单位。

要求：计算每次订货成本、单位材料年储存成本、经济订货批量、年最低成本合计。

2. 某厂每年使用A材料8 000千克，该材料储存成本中付现成本为每千克4元，每单位成本为60元，该厂的资本成本率为20%，每批订货成本为1 000元。

要求：计算其经济订货批量、经济订货批次和年最低成本合计。

3. 某企业生产甲产品，全年需要A材料20 000千克，每日送货量100千克，每日消耗量90千克，每次订货成本200元，每千克A材料年储存成本为5元。

要求：计算其经济订货批量和年成本合计。

4. 某企业全年需用A零件2 400个，每件每年储存成本为0.6元，每次订货成本为55元。供应商规定，每次订货量不足800个时，单价为50元；每次订货量达到800个时，可获得3%的价格优惠。

要求：对是否应考虑按数量折扣购买做出决策。

5. 某公司全年需用A零件30 000件，每次订货成本为1 000元，每件零件全年储存成本为6元，零售价每件60元，资本成本率15%。供应商为扩大销售，现规定数量折扣如表6-1所示。

表6-1　数据资料

订购单位数（件）	折扣（元/件）
0～1 999	无折扣
2 000～4 999	1.00
5 000～9 999	1.50
10 000以上	2.50

要求：

(1) 计算不考虑数量折扣时的经济订货批量。

(2) 计算最佳订货数量。

6. 某公司每年需要A材料250 000千克，每次订货成本为1 080元，每千克全年储存成本为0.6元。该公司目前仓库最大储存量为25 000千克。考虑到业务发展需要，已与其他单位达成意向租用一间可储存20 000千克A材料的仓库，年租金约为3 500元。

要求：进行最优储存的决策。

7. 某种产品的安全库存量为500件，采购间隔期为10天，年度耗用总量为12 000件，假设每年有300个工作日。

要求：计算该商品的再订购点。

练习题参考答案

一、名词解释

1. 存货，是指企业为销售或耗用而储存的各种资产。在制造企业中，存货通常包括原材料、委托加工材料、包装物、低值易耗品、在产品、产成品等。

2. 采购成本，是指由购买存货而发生的买价（购买价格或发票价格）和运杂费（运输费用和装卸费用等）构成的成本，其总额取决于采购数量和单位采购成本。

3. 订货成本，是指为订购货物而发生的各种成本，包括采购人员的工资、采购部门的一般性费用（如办公费、水电费、折旧费、取暖费等）和采购业务费（如差旅费、邮电费、检验费等）。订货成本可以分为固定订货成本和变动订货成本。

4. 储存成本，是指为储存存货而发生的各种费用，通常包括两大类：一是付现成本，包括支付给储运公司的仓储费、按存货价值计算的保险费、陈旧报废损失、年度检查费用以及企业自设仓库发生的所有费用；二是资本成本，既包括由于投资于存货而不投资于其他盈利项目所形成的机会成本，又包括用于购置存货的银行借款利息。

5. 安全库存量，是指为避免延迟到货、生产速度加快及其他情况发生，满足生产、销售需要的存货量。

6. 经济订货批量，是指使存货的储存成本和订货成本合计数达到最低时的订货数量。

7. 安全库存量的储存成本，等于安全库存量乘以存货的单位储存成本。

8. 库存耗竭成本，包括备选供应来源的成本、失去顾客或商业信誉的成本、库存耗竭期内停产的成本等。库存耗竭成本作为年度预期值，等于某项库存耗竭成本乘以每年安排的订购次数乘以一次订购的库存耗竭概率。

9. 再订购点，是指为保证生产和销售活动的连续性，企业应在存货用完或售完之前再一次订货，订购下一批货物的存货存量。

10. 适时制生产，即产品按顾客要求的时间交货，材料或部件按生产需要的时间送达，从而产生的适应时间要求的敏捷制造。

11. 零存货管理，是指企业按需要引入存货，并通过不懈努力去减少存货、最终消灭存货，以达到总成本最低的管理模式。

12. 存货周转期，是指存货周转一次所需要的时间，具体是指购买存货、支付货款开始到把存货卖出、形成应收账款为止的整个期间。

二、判断题

1. ×	2. √	3. ×	4. √
5. √	6. √	7. ×	8. √
9. ×	10. ×	11. √	12. √
13. √	14. √	15. ×	16. √
17. ×	18. √	19. ×	20. √

三、单项选择题

1. A	2. D	3. C	4. B
5. C	6. A	7. C	8. D
9. B	10. C	11. B	12. A
13. B	14. B	15. B	

四、多项选择题

1. ABCDE	2. AC	3. BD	4. ABCE
5. BCD	6. ABCD	7. ABCD	8. AC
9. ABC	10. ABCDE	11. AD	12. ABCD
13. ABCD	14. AB	15. ABCDE	

五、简答题

1. 简述在存货决策中需要考虑哪几项成本。

答：在存货决策中，需要考虑以下几项成本：

(1) 采购成本，是指由购买存货而发生的买价（购买价格或发票价格）和运杂费（运输费用和装卸费用等）构成的成本，其总额取决于采购数量和单位采购成本。

在采购批量决策中，存货的采购成本通常属于无关成本，但当供应商为扩大销售而采用数量折扣等优惠方法时，采购成本就成为与决策相关的成本。

(2) 订货成本，是指为订购货物而发生的各种成本，包括采购人员的工资、采购部门的一般性费用（如办公费、水电费、折旧费、取暖费等）和采购业务费（如差旅费、邮电费、检验费等）。订货成本可以分为固定订货成本和变动订货成本。

(3) 储存成本，是指为储存存货而发生的各种费用，包括两大类：一是付现成本，包括支付给储运公司的仓储费、按存货价值计算的保险费、陈旧报废损失、年度检查费用以及企业自设仓库发生的所有费用；二是资本成本，既包括由于投资于存货而不投资于其他盈利项目所形成的机会成本，又包括为购置存货的银行借款利息。储存成本又可分为固定储存成本和变动储存成本。

(4) 缺货成本，是指由于存货数量不能及时满足生产和销售的需要而给企业带来的损失。如因停工待料而发生的损失等，缺货成本大多属于机会成本。

2. *你认为在经济订货批量确认中应该注意的问题是什么？*

答：在经济订货批量确认中，关键是选择并确定与决策相关的成本。在为存货模型选择数据时，应观察所掌握的每一项成本是否随下列项目的变化而变化：(1) 存货的数量；(2) 购入的数量；(3) 一年内发出的订单数。

3. *在储存量受限制的情况下，如何才能做出正确的决策？*

答：在储存量受限制的情况下，企业可以通过某些方法（如租赁新的库房、建造新的仓库等）来增加储存量，以达到最佳储存量（经济订货批量）的要求。但是企业还必须考虑以下两项成本以做出正确决策：第一，由于增加储存量而增加的成本，如仓库的租金或建造费用；第二，由于增加储存量而节约的储存成本与订货成本。

4. *在适时制下，存货被认为对企业的经营有哪些负面影响？*

答：在适时制下，存货被认为对企业的经营存在的负面影响如下：

(1) 企业持有存货，占压流动资金。当企业持有大量存货时，相应数额的资金就暂时沉淀下来，直到产成品销售出去才能重新参与周转。如果企业存货严重积压，为了获得流动资金以支付工资等必要的开支，企业可能被迫增加举债，支付额外的利息；反之，如果企业能够大量减少存货，甚至是零存货，将这部分资金运用到其他方面，如投资于证券等，则可以取得投资收益。可见，企业持有存货是存在机会成本的。

(2) 企业持有存货，会发生仓储成本。大量存货必然要占用仓储空间，要耗费企业人工进行管理，存货本身在仓储过程中也可能发生损耗。这种仓储成本和管理成本都将提高企业的成本水平。

（3）企业持有存货，可能掩盖生产质量问题，掩盖生产的低效率，增加企业信息系统的复杂性。例如，当企业进行后一道工序的加工过程中，如果发现从在产品库中取出的在产品有次品，则可以再去在产品库中取用合格品，这时，次品的出现不会导致严重的后果，不会立即引起管理人员的重视，不利于企业寻找次品出现的原因以不断提高产品质量。再如，假设企业生产效率低，当市场需要大量成品时，有库存成品起缓冲的作用，不利于督促企业提高生产效率。

六、计算题

1. 答：

随存货数量变动的成本项目有：

存货保险	0.5元
仓储年平均损失	1.1元
合计	1.6元

随购入数量变动的成本项目有：

购买价格	5元
外部运费	0.5元
装卸费	0.5元
合计	6元

发出一次订单而发生的成本有：

电话订货费	50元
内部运费	200元
合计	250元

每次订货成本＝50＋200＝250(元)

单位材料年储存成本＝0.5＋1.1＋(6×15%)＝2.5(元)

$$经济订货批量=\sqrt{\frac{2\times5\,000\times250}{2.5}}=1\,000(单位)$$

$$年最低成本合计=\sqrt{2\times5\,000\times250\times2.5}=2\,500(元)$$

2. 答：

单位储存成本＝4＋60×20%＝16(元)

$$经济订货批量=\sqrt{\frac{2\times8\,000\times1\,000}{16}}=1\,000(千克)$$

$$\text{经济订货批次}=\sqrt{\frac{8\,000\times16}{2\times1\,000}}=8(\text{次})$$

$$\text{年最低成本合计}=\sqrt{2\times8\,000\times1\,000\times16}=16\,000(\text{元})$$

3. 答：

$$\text{经济订货批量}=\sqrt{\frac{2AP}{C(1-Y/X)}}=\sqrt{\frac{2\times20\,000\times200}{5\times(1-90/100)}}=4\,000(\text{千克})$$

上述计算结果表明，在材料陆续到达、陆续耗用的条件下，其经济订货批量为 4 000 千克，此时，年成本合计为：

$$T^{*}=\sqrt{2APC\left(1-\frac{Y}{X}\right)}=\sqrt{2\times20\,000\times200\times5\times\left(1-\frac{90}{100}\right)}=2\,000(\text{元})$$

4. 答：

(1) 没有数量折扣时的经济订货批量。

$$Q^{*}=\sqrt{\frac{2AP}{C}}=\sqrt{\frac{2\times2\,400\times55}{0.6}}\approx663(\text{个})$$

(2) 不考虑数量折扣时的年成本合计。

由于 A 零件全年需要量为 2 400 个，而经济批量为 663 个，经济订货批次为 3.6 次。实际工作中，按就近原则安排，因此订货批次为 4 次，每次采购数量为 600 个。于是

采购成本＝2 400×50＝120 000(元)
订货成本＝(2 400/600)×55＝220(元)
储存成本＝(600/2)×0.6＝180(元)
年成本合计＝120 000＋220＋180＝120 400(元)

(3) 考虑数量折扣时的年成本合计。

采购成本＝2 400×50×(1－3%)＝116 400(元)
订货成本＝(2 400/800)×55＝165(元)
储存成本＝(800/2)×0.6＝240(元)
年成本合计＝116 400＋165＋240＝116 805(元)

比较 (2) 和 (3) 的结果可知，接受数量折扣可使存货成本降低 3 595 元 (120 400－116 805)，因此应选择接受数量折扣的方案。

5. 答：

(1) 没有数量折扣时的经济订货批量。

$$Q^{*}=\sqrt{\frac{2AP}{C}}=\sqrt{\frac{2\times30\,000\times1\,000}{6+60\times15\%}}=2\,000(\text{件})$$

可见，没有数量折扣时，该公司最佳订货量为 2 000 件，或是折扣区间的临界值 5 000 件、10 000 件。

（2）不同订货量下的年成本合计的计算如下：

1）2 000 件时的年成本合计（59 元为该水平的折扣净额）。

订货成本＝(30 000/2 000)×1 000＝15 000(元)

储存成本＝(2 000/2)×(6＋59×15%)＝14 850(元)

放弃折扣＝30 000×(2.5－1)＝45 000(元)

年成本合计＝15 000＋14 850＋45 000＝74 850(元)

2）5 000 件时的年成本合计（58.5 元为该水平的折扣净额）。

订货成本＝(30 000/5 000)×1 000＝6 000(元)

储存成本＝(5 000/2)×(6＋58.5×15%)＝36 937.5(元)

放弃折扣＝30 000×(2.5－1.5)＝30 000(元)

年成本合计＝36 937.5＋6 000＋30 000＝72 937.5(元)

3）10 000 件时的年成本合计（57.5 元为该水平的折扣净额）。

订货成本＝(30 000/10 000)×1 000＝3 000(元)

储存成本＝(10 000/2)×(6＋57.5×15%)＝73 125(元)

放弃折扣＝30 000×(2.5－2.5)＝0

年成本合计＝3 000＋73 125＝76 125(元)

由上述计算可知，订货量为 5 000 件时，成本总额最低，所以，最佳订货量为 5 000 件。

6. 答：

（1）没有任何限制时的经济订货批量。

$$Q^*=\sqrt{\frac{2AP}{C}}=\sqrt{\frac{2\times 250\,000\times 1\,080}{0.6}}=30\,000(\text{千克})$$

$$T^*=\sqrt{2APC}=\sqrt{2\times 250\,000\times 1\,080\times 0.6}=18\,000(\text{元})$$

（2）一次订购 25 000 千克时。

订货成本＝(250 000/25 000)×1 080＝10 800(元)

储存成本＝(25 000/2)×0.6＝7 500(元)

年成本合计＝7 500＋10 800＝18 300(元)

（3）由于仓库最大存储量只有 25 000 千克，小于经济订货批量，因此应在扩大仓储量以满足经济订货量和按目前最大储存量订购两种方案之间做出抉择。扩大仓储量，按经济订货量订购，需增加仓库租金 3 500 元，但其他各项成本仅比一次订购 25 000 千克节约 300 元。因此，不应增加仓储，而应按 25 000 千克的批量分批订购。

7. 答：

再订购点＝(12 000/300)×10＋500＝900(件)

教材习题解析

一、思考题

1. 请说明在不同情况下存货成本与存货决策的关系。

答：存货决策的目的在于既满足企业生产经营的需要，又能在不同情况下使相关成本总额最低。而存货的相关成本是企业存货决策的主要考虑因素，包括采购成本、订货成本、储存成本和缺货成本。

采购成本是指由购买存货而发生的买价（购买价格或发票价格）和运杂费（运输费用和装卸费用等）构成的成本，其总额取决于采购数量和单位采购成本。

由于单位采购成本一般不随采购数量的变动而变动，因此，在采购批量决策中，存货的采购成本通常属于无关成本，但当供应商为扩大销售而采用数量折扣等优惠方法时，采购成本就成为与决策相关的成本了。

在允许缺货的情况下，缺货成本是与决策相关的成本，但在不允许缺货的情况下，缺货成本是与决策无关的成本。

因而在一般情况下，存货决策只考虑订货成本和储存成本。

2. 储存成本包括付现成本，为什么不包括非付现成本（即沉没成本）?

答：沉没成本是指由于过去的决策已经发生了的，而不能由现在或将来的任何决策改变的成本，因此沉没成本属于存货决策的无关成本。

3. 经济订货批量确认的基本原理是什么?

答：经济订货批量，就是使存货储存成本与订货成本之和最低时的每次订购货物（材料、商品等）的数量。

在某种存货全年需要量已定的情况下，降低订货批量，必然增加订货批次。所以在确定经济订货批量时必须考虑以下两类因素：第一类，使存货的储存成本（变动储存成本）随平均储存量的下降而下降；第二类，使订货成本（变动订货成本）随订货批次的增加而增加。反之，减少订货批次必然要增加订货批量，在减少订货成本的同时，储存成本将会增加。可见，存货决策的目的就是确定使这两种成本合计数最低时的订货批量，即经济订货批量。

在确定经济订货批量时，为了找到使总成本最低的点，必须利用对存货总成本函数求一阶导数的方法，能使一阶导数为零的订货批量就是最小值点，即经济订货批量。

4. 在有数量折扣的决策中，相关成本包括哪些？如何进行最优化决策？

答：在有数量折扣的决策中，订货成本、储存成本以及采购成本都是订货批量决策中的相关成本，这时，上述三种成本的年成本合计最低的方案才是最优方案。

5. 制定最佳安全库存量政策必须考虑的成本是什么？

答：建立最佳安全库存量政策必须考虑以下两项成本：(1) 安全库存量的储存成本；(2) 库存耗竭成本。

6. 零存货管理的思想是什么？我们应把零存货作为管理方法还是作为管理理念？

答：零存货管理的思想来自适时制的要求，适时制与传统存货管理不同。传统存货管理承认存货存在的合理性，要求按照各种模型制定的计划引入存货，提倡持有一定的存货，以达到相关成本总额最低；而零存货管理的思想则要求企业按需要引入存货，并努力减少存货、降低存货成本，最终目的是消灭存货，以达到总成本最低。

零存货在本质上可以说是一种思想，即管理体制理念，而非数学模型或管理方法。企业应该学习的是适时制下努力降低存货、提高质量、不断改进的方法精髓，将这种先进的管理思想与企业的实际情况结合起来，从而达到提高经济效益的目的，而不是无视企业管理水平与外部环境的实际情况生搬硬套零存货管理。

7. 最优订货批量决策与零存货管理是否矛盾？为什么？

答：两者并不矛盾。因为在现实中，虽然适时制的创造者和实施者为实现零存货设计了各种措施，但实现零存货几乎是不可能的。虽然从理论上讲存货的存在是一种资源的浪费，而在现实企业中，库存是无处不在的，也是不可避免的，而且有利于企业生产经营活动的正常进行。

因此，一方面企业应不断改善经营管理，为最终实现零库存而奋斗；另一方面又应该面对现实，利用经济订货批量决策模型使存货维持在某一特定的水平上，做到浪费最少又能保证生产经营的正常进行。

8. 加速存货周转、缩短存货周转期的基本方法是什么？

答：(1) 根据市场供求状况，采用拉动式生产或推动式生产；(2) 改变材料采购策略；(3) 减少不增加价值的活动，缩短生产周期；(4) 快速满足客户需求；(5) 避免停工。

二、练习题

1. 答：

每批订货成本＝1 050(元)

单位存货年储存成本$=50+(170+200)\times10\%=87$(元)

$$经济订货批量=\sqrt{\frac{2\times12\,500\times1\,050}{87}}=549(件)$$

$$经济订货批次=\sqrt{\frac{12\,500\times87}{2\times1\,050}}=23(次)$$

$$最低总成本=\sqrt{2\times12\,500\times1\,050\times87}=47\,789(元)$$

2. 答：

(1) A材料的经济订货批量及总成本计算如下：

$$经济订货批量=\sqrt{\frac{2\times56\,000\times1\,400}{20}}=2\,800(千克)$$

$$最低总成本=\sqrt{2\times56\,000\times1\,400\times20}=56\,000(元)$$

(2) 边送边用情况下的计算如下：

$$经济订货批量=\sqrt{\frac{2\times56\,000\times1\,400}{20\times\left(1-\frac{200}{250}\right)}}\approx6\,261(千克)$$

$$最低总成本=\sqrt{2\times56\,000\times1\,400\times20\times\left(1-\frac{200}{250}\right)}=25\,043.96(元)$$

(3) 没有折扣时相关计算如下：

$$经济订货批量=\sqrt{\frac{2\times56\,000\times1\,400}{20}}=2\,800(千克)$$

$$储存成本=\frac{2\,800}{2}\times20=28\,000(元)$$

$$订货成本=\frac{56\,000}{2\,800}\times1\,400=28\,000(元)$$

放弃折扣$=56\,000\times150\times2\%=168\,000$(元)

成本总额$=28\,000+28\,000+168\,000=224\,000$(元)

当每次采购数量为3 200千克时，采购批次为17.5次（56 000÷3 200），可按17次或18次计算，由于3 200千克以上才有折扣，故按17次计算，每次采购数量为3 294千克（56 000÷17）。

$$储存成本=\frac{3\,294}{2}\times20=32\,940(元)$$

$$订货成本=\frac{56\,000}{3\,294}\times1\,400=23\,800(元)$$

放弃折扣$=0$

成本总额$=32\,940+23\,800=56\,740$(元)

所以应按 3 294 千克采购，可节约成本 167 260 元（224 000－56 740）。

(4) 再订购点为 2 000 千克。

3. 答：

不同订货批量下总费用的计算结果如表 6－2 所示。

表 6－2　不同订货批量下总费用计算表

订货批量（吨）	5	10	15	30	50	75
年订购与储存费(元)	9 375	7 500	8 125	12 500	19 500	28 625
铁路运输方式	零担			整车		
每吨运费（元）	124.50			31.40		
全年运费（元）	93 375			23 550	23 550	23 550
总费用（元）	102 750	100 875	101 500	36 050	43 050	52 175

由此可见，订货批量为 30 吨时，总费用最小，所以每次订货批量应为 30 吨。

4. 答：

(1) 经济生产批量 $Q^{*}=\sqrt{\dfrac{2AP}{C}}$

$$=\sqrt{\frac{2\times 36\,000\times 6\,000}{3}}=12\,000(\text{副})$$

12 000 副是最优生产批量，订单 12 000 副应该接受。该公司对客户要求所做出的反应是不恰当的，既然外国竞争对手能够以少于 Geneva 公司一半的生产时间将护目镜生产出来并送至零售商手中，说明 Geneva 公司的劳动效率低，是有缩短生产时间的潜力的。当前可以采用两班轮换生产的方式解决订单生产任务。一个工作班次生产速率为每天 750 副，两个工作班次生产速率为每天 1 500 副，6×1 500＝9 000。如果考虑生产准备时间为 2 天，则可以在两班轮换生产的基础上延长工作时间或三班轮换生产。

(2) 解决订单需求不应靠储存更多的存货，这样会造成更大的损失和浪费。解决订单需求应该通过提高生产效率、缩短生产时间。例如缩短生产准备时间，提高生产的机械化、自动化水平等。在此，应借助零库存的思想去解决问题。

(3) 经济生产批量 $Q^{*}=\sqrt{\dfrac{2AP}{C}}$

$$=\sqrt{\frac{2\times 36\,000\times 940}{3}}=4\,750(\text{副})$$

生产周期＝9 000/2 000＝4.5(天)

新的交付时间＝4.5＋1.5＝6(天)

按照这一新的计算，交付时间缩短为 6 天，可以满足客户的时间要求。

(4) 经济生产批量 $Q^{*}=\sqrt{\frac{2AP}{C}}$

$$=\sqrt{\frac{2\times 36\,000\times 10}{3}}=490(\text{副})$$

生产准备时间接近于0以及生产准备成本变得微不足道意味着企业可以以零存货的管理来应对市场的需求。

第 7 章 投资决策

Chapter 7

学习目标

通过本章的学习，帮助同学们在了解和掌握货币时间价值、现金流量、资本成本等三大价值观念及其计算的基础上，掌握各种投资决策指标的经济含义及其适用优缺点，从而能够在不同情况下正确应用投资决策指标进行决策。

学习指导

1. 学习重点

(1) 了解和掌握进行投资决策所必须掌握的基本知识（如货币时间价值、现金流量、资本成本的概念及计算）。

(2) 熟练掌握静态投资决策指标及动态投资决策指标的计算及优缺点。

(3) 掌握投资决策指标在特殊情况下的正确应用（即典型的长期投资决策和投资决策的扩展应用），以深入理解和掌握投资决策的方法。

2. 学习难点

(1) 货币时间价值基本计算公式在不同情况下的灵活运用。

(2) 现金流量在不同期间的准确计算和确定。

(3) 净现值指标在复杂情况下（如投资额不同、期间不同）的正确运用。

(4) 特殊情况下投资决策的扩展应用。

练习题

一、名词解释

1. 货币时间价值　　　　2. 年金

3. 现金流量
4. 资本成本
5. 投资回收期
6. 净现值
7. 内部报酬率
8. 获利指数

二、判断题（正确的划√，错误的划×）

1. 货币的时间价值，指的是货币经过一定时间的投资后所增加的价值。（　）

2. 货币的时间价值是在没有通货膨胀和风险的条件下的社会平均资本利润率。（　）

3. 当通货膨胀率很低时，人们常常习惯于将银行利率视为货币的时间价值。（　）

4. 货币时间价值的计算方法与银行复利的计算方法一致。（　）

5. 实际利率与名义利率的关系是：$i=(1+r/m)^m+1$。（　）

6. 年金指的是定期的系列收支。（　）

7. 由于留存收益也属于股东权益的一部分，因此其资本成本的计算方法与普通股的资本成本的计算方法相同。（　）

8. 每年年末支付500元，假设利率为5%，5年后本利和为2 901元。（　）

9. 每年年初支付500元，假设利率为5%，5年后本利和为2 901元。（　）

10. 每年支付500元，假设利率为5%，每年复利两次，5年后本利和为2 901元。（　）

11. 只有增量现金流量，才是与投资项目相关的现金流量。（　）

12. 因为在整个投资有效年限内利润总计与现金流量是相等的，所以在投资决策中，重点研究利润和重点研究现金流量效果是一样的。（　）

13. 年平均成本法是假设将来设备更新时，可以按原来的年平均成本找到可以替代的设备。（　）

14. 名义利率是指在1年内复利计息期小于1年时所给出的年利率，它通常小于实际利率。（　）

15. 采用以资本成本率为贴现率计算净现值并进行项目评价时，有时会夸大项目的效益。（　）

16. 由于折旧会使税负减少，因此计算现金流量时，应将其视为现金流出量。（　）

17. 一个净现值较大的投资方案，其内部报酬率至少高于资本成本率。（　）

18. 在进行设备更新决策时，只要引起纳税额减少，该项目就一定属于现金

净流入项目。（　　）

19. 在计算债券的资本成本时，应重点考虑用资费用，筹资费用一般可忽略不计。（　　）

三、单项选择题

1. 在利率和计息期数相同的条件下，复利现值系数与复利终值系数（　　）。

A. 没有关系　　B. 互为倒数

C. 成正比　　D. 系数加1，期数减1

2. 递延年金的特点是（　　）。

A. 没有终值　　B. 没有第一期的支付额

C. 没有现值　　D. 上述说法都对

3. 一项借款的利率为10%，期限为7年，其投资回收系数为（　　）。

A. 0.20　　B. 0.24　　C. 0.21　　D. 0.18

4. 一项100万元的借款，借款期为5年，年利率为8%；若半年复利一次，年实际利率会比名义利率高出（　　）。

A. 0.16%　　B. 0.2%　　C. 0　　D. 0.22%

5. 下列公式中用于计算偿债基金系数的是（　　）。

A. $\frac{i}{(1+i)^n-1}$　　B. $\frac{(1+i)^n-1}{i}$

C. $\frac{i}{1-(1+i)^{-n}}$　　D. $\frac{1-(1+i)^{-n}}{i}$

6. 利用获利指数法评价投资决策时，贴现率的高低对方案的优先次序（　　）。

A. 没有影响　　B. 有影响

C. 成正比　　D. 成反比

7. 获利指数（　　）就表明该项目具有正的净现值，对企业有利。

A. 大于0　　B. 小于0　　C. 大于1　　D. 小于1

8. 某投资项目，若用10%作为贴现率，其净现值为250；用12%作为贴现率，其净现值为−120，则该项目的内部报酬率为（　　）。

A. 8.65%　　B. 13.85%　　C. 11.35%　　D. 12.35%

9. 投资者期望获得的投资报酬率水平的影响因素是（　　）。

A. 社会平均利润率　　B. 企业利润

C. 企业收入　　D. 项目内部报酬率

10. 与投资项目有关的现金流量是（　　）。

A. 企业折旧额　　B. 企业利润

C. 投资项目折旧额　　D. 企业收入

11. 下列说法中不正确的是（　　）。

A. 净现值大于零，方案可取

B. 内部报酬率大于资本成本率，方案可行

C. 使用净现值、获利指数与内部报酬率指标，在评价投资项目可行性时，会得出相同的结论

D. 内部报酬率是投资项目本身的收益能力，反映其内在获利能力

12. 旧设备的变现价值，应作为继续使用旧设备的（　　）。

A. 付现成本　　B. 无关成本

C. 相关成本　　D. 机会成本

13. 当贴现率与内部报酬率相等时，说明（　　）。

A. 净现值大于零　　B. 净现值小于零

C. 获利指数等于零　　D. 获利指数等于1

14. 下列长期投资决策评价指标中，需要以行业基准贴现率或资本成本率为计算依据的是（　　）。

A. 内部报酬率　　B. 投资回收期

C. 会计利润率　　D. 获利指数

15. 计算一个项目的投资回收期，应考虑的因素是（　　）。

A. 贴现率　　B. 使用寿命

C. 年现金流量　　D. 资本成本

16. 某投资方案，在贴现率为16%时，净现值为−1 200元；贴现率为14%时，净现值为400元，则该方案的内部报酬率为（　　）。

A. 14.2%　　B. 14.5%　　C. 15.2%　　D. 15.5%

17. 对单独投资项目进行评价时，下列表述不正确的是（　　）。

A. 资本成本率越高，净现值越大

B. 当内部报酬率等于资本成本率时，净现值为零

C. 内部报酬率小于资本成本率时，净现值为负数

D. 资本成本率越低，获利指数越大

四、多项选择题

1. 递延年金具有（　　）等特点。

A. 终值大小与递延期有关

B. 计算终值的方法与普通年金相同

C. 计算现值的方法与普通年金相同

D. 第一期没有支付额

E. 最后一期没有收支额

2. 永续年金具有（　　）等特点。

A. 没有现值　　B. 没有终值

C. 每期等额支付　　D. 每期支付额不定

E. 没有复利值

3. 投资决策分析使用的动态投资指标主要有（　　）。

A. 会计收益率　　B. 内部报酬率

C. 偿还期　　D. 净现值

E. 获利指数

4. 在考虑所得税的影响后，能够计算出经营现金流量的公式有（　　）。

A. 经营现金流量＝收入×(1－税率)－付现成本×(1－税率)－折旧×税率

B. 经营现金流量＝税后收入－税后成本＋折旧

C. 经营现金流量＝营业收入－付现成本－所得税

D. 经营现金流量＝税后净利＋折旧

E. 经营现金流量＝税后净利－折旧

5. 个别资本成本受（　　）的影响。

A. 资金实际年用资费用　　B. 资金的筹资总额

C. 同期银行利率　　D. 资金筹集费

E. 资金占用时间

6. 投资决策分析使用的静态投资指标主要有（　　）。

A. 投资回收期　　B. 投资报酬率

C. 净现值　　D. 内部报酬率

E. 获利指数

7. 影响普通股资本成本率的因素包括（　　）。

A. 预期年股利额　　B. 普通股成长率

C. 所得税税率　　D. 普通股筹资额

E. 优先股股利

8. 影响设备最优更新期决策的因素包括（　　）。

A. 设备原值　　B. 设备残值

C. 设备更新年份　　D. 设备运行成本

E. 设备使用环境

9. 下列因素中影响内部报酬率的有（　　）。

A. 投资项目的使用年限　　B. 建设期的长短

C. 投资的投入方式　　D. 资本成本

E. 风险

10. 下列成本中与特定决策有关的有（　　）。

A. 账面成本　　B. 重置成本

C. 机会成本　　D. 未来成本

E. 沉没成本

11. 影响投资项目每年经营现金流量大小的因素有（　）。

A. 每年的收入　　B. 每年收入的增加额

C. 成本的增加额　　D. 付现成本

E. 折旧

12. 若一个投资项目的净现值大于零，则可能说明该项目（　）。

A. 经营现金流量为正数　　B. 资本成本低

C. 投资额少　　D. 经营期的利润水平高

E. 风险高

13. 采用固定资产平均年成本法进行设备更新决策时，主要考虑（　）。

A. 使用新旧设备给企业带来年收入不同

B. 使用新旧设备给企业带来年成本不同

C. 新旧设备使用年限不同

D. 使用新旧设备给企业带来年收入相同

E. 税后利润

14. 下列说法中正确的有（　）。

A. 通货膨胀的经济学意义与货币的时间价值一样

B. 计算通货膨胀对货币价值影响的方法与货币时间价值的计算方法一样

C. 在通货膨胀的影响下，可能会使某些可以接受的项目变为无法接受

D. 在通货膨胀的影响下，可能会使某些无法接受的项目变为可以接受

E. 通货膨胀对项目决策没有影响

15. 对于是否继续使用旧设备的决策方案，其现金流出量包括（　）。

A. 旧设备变现价值　　B. 旧设备变现损失减税

C. 每年折旧抵税　　D. 残值变现净收入纳税

E. 新设备买价

五、简答题

1. 什么是实际利率与名义利率？

2. 什么是资本成本？在项目投资决策中起什么作用？

3. 静态投资指标与动态投资指标有何区别？

4. 试比较三种动态投资指标的差异。

5. 为什么在投资决策中要进行敏感性分析？

六、计算题

1. 假设银行利率为8%，若要在5年后得到10 000元。

要求：计算每年应存入银行款项的金额。

2. 某投资项目在未来8年内每年可取得10 000元的收益，假设投资报酬率为8%。

要求：计算该项目的现值。

3. 某投资项目自第3年起，每年可取得投资收益5 000元，假设投资报酬率为10%。

要求：

(1) 计算10年后取得的投资收益的价值。

(2) 计算该项目的现值。

4. 某人将200万元投资于A公司的优先股，假设今后每年可取得10%的红利。

要求：计算优先股的现值。

5. 某厂有一台设备，购置成本为240 000元，使用寿命为12年，假设该设备按直线法计提折旧，且12年后无残值，其维修及操作成本第1～4年为30 000元，第5年为35 000元，第6年为40 000元，第7年之后为50 000元。

要求：计算当资本成本率为10%时，该设备的最佳更新期。

6. 设某企业有一台旧设备，重置成本为12 000元，年运行成本为8 000元，6年后报废无残值。如果用40 000元购买一台新设备，年运行成本为6 000元，使用寿命为8年，8年后残值为2 000元。新旧设备的产量及产品销售价格相同。企业计提折旧的方法为直线法，资本成本率为10%，所得税税率为25%。

要求：通过计算，对企业是继续使用旧设备，还是将其更新为新设备进行决策。

7. 某公司拟购买一套新设备替代原有的旧设备。旧设备原值15 000元，已经使用4年，估计还可以继续使用4年，每年的运行成本为2 000元，残值为2 000元，目前市场的可变现价值估计为8 000元；新设备的购买价为13 000元，预计使用寿命为6年，每年的运行成本为800元，预计残值为2 500元。该公司所得税税率为25%，预期报酬率为12%。税法规定此类设备折旧年限为6年，残值率为10%，按直线法计提折旧。

要求：请分析该公司是否应更新该项设备（列出计算过程）。

练习题参考答案

一、名词解释

1. 货币时间价值，是指货币经过一定时间的投资与再投资后所增加的价值。

2. 年金，是指一定期间内每期相等金额的收付款项。其中普通年金是在每期期末收付的年金，所以又叫后付年金。

3. 现金流量，是指在投资活动过程中，由于引进一个项目而引起的现金支出或现金收入增加的数量。

4. 资本成本，是指企业筹集和使用资金必须支付的各种费用，包括用资费用和筹资费用。

5. 投资回收期，是指自投资方案实施起，至收回初始投入资本所需要的时间，即能够使与此方案相关的累计现金流入量等于累计现金流出量的时间。

6. 净现值，是指在方案的整个实施运行过程中，所有现金净流入年份的现值之和与所有现金净流出年份的现值之和的差额。

7. 内部报酬率，反映的是方案本身实际达到的报酬率，它是在整个方案的实施过程中，当所有现金净流入年份的现值之和与所有现金净流出年份的现值之和相等时方案的报酬率，亦即能够使项目的净现值为零时的报酬率。

8. 获利指数也叫现值指数，是指在整个方案的实施运行过程中，所有现金净流入年份的现值之和与所有现金净流出年份的现值之和的比值。

二、判断题

1. ×	2. √	3. ×	4. √
5. ×	6. ×	7. √	8. ×
9. √	10. ×	11. √	12. ×
13. √	14. √	15. √	16. ×
17. √	18. ×	19. ×	

三、单项选择题

1. B	2. B	3. C	4. A
5. A	6. B	7. C	8. C
9. A	10. C	11. C	12. D
13. D	14. D	15. C	16. B
17. A			

四、多项选择题

1. BD	2. BC	3. BDE	4. BCD
5. ABD	6. AB	7. ABD	8. ABD
9. ABC	10. BCD	11. ADE	12. ABD
13. BCD	14. BC	15. DE	

五、简答题

1. 什么是实际利率与名义利率？

答：复利的计息期不一定是1年，也可以是季、月或日，即1年内可以复利若干次。当1年内复利1次以上时给出的年利率就是名义利率。实际利率则是指复利期为1年时的年利率。它们之间的关系是：$1+i=(1+r/m)^m$。

2. 什么是资本成本？在项目投资决策中起什么作用？

答：资本成本指的是企业筹集和使用资金必须支付的各种费用。包括：(1) 用资费用，是指企业在使用资金中支付的费用，如股利、利息等，其金额与使用资金的数额多少及时间长短成正比，它是资本成本的主要内容；(2) 筹资费用，是指企业在筹集资金中支付的费用，如借款手续费、证券发行费等，其金额与资金筹措方式有关而与使用资金的数额多少及时间长短无关。

资本成本的计算在企业进行筹资决策、投资决策、营运资本管理和业绩考评等方面，都有着重要的意义。从投资决策角度来看，资本成本是评价投资项目、决定项目取舍的一个重要标准。只有当项目的投资报酬率高于资本成本时，项目才可能被接受，否则就必须放弃。但由于所有的项目都有一定的风险性，因此在决定项目取舍时，还要在资本成本的基础上，追加相应的风险报酬率。

3. 静态投资指标与动态投资指标有何区别？

答：静态投资指标均未考虑货币时间价值，它们的共同优点是计算简便。由于投资回收期的长短也是项目风险的一种标志，因此在实务中常常被当作一种选择方案的标准。投资回收期的缺点不仅在于它没有考虑货币时间价值，而且没有考虑回收期后的现金流量，因此该方法不适宜用来判断那些后期收益较为丰厚的项目。投资报酬率法使用的是会计学上的收益和成本的概念，容易接受和掌握。但是它最大的缺点仍然是没有考虑货币时间价值，因此无法在同一时间基础上对不同的项目进行比较。与静态投资决策指标不同，动态投资决策指标是在充分考虑货币时间价值的基础上，对方案的优劣进行判断。动态投资决策指标主要有净现值、获利指数和内部报酬率等，它们都是将各项目调整到同一个时点上进行比较，使得结果更加客观，也更具有说服力。

4. 试比较三种动态投资指标的差异。

答：净现值指标是一个绝对数，它可以反映采取某方案时企业具体可得到的收益数，因此该指标常常用来筛选项目，即企业只选择净现值大于零的项目进行投资。如果企业有若干个净现值大于零的方案，而这些方案间并不相互排斥，这时就应当首先满足净现值最大方案的投资需要。但是净现值指标无法反映方案间投资报酬率的差异。如果企业评价方案的目的不仅是筛选项目，还要在所有净现值大于零的项目中选择最优项目进行投资，就必须使用相对数指标进行判断，获利指数和内部报酬率指标都适合用来判断，两者的不同之处在于前者需事先确定一个贴现率。该贴现率一般可以通过资本成本率或企业要求的必要报酬率来确定，但是计算过程比较复杂，而且含有较多的主观因素。内部报酬率指标计算的是方案自身的报酬率，因此可回避上述这些问题。

内部报酬率指标也存在着一个很大的弱点：如果方案在运行过程中，净现金流量不是持续地大于零，而是反复出现，隔若干年就会有一个净现金流量小于零的阶段，此时根据内部报酬率的数学模型就可能得到若干个内部报酬率，它们都满足使方案的净现值等于零的条件。在这种情况下，一般就只能根据经验并结合其他指标进行判断了。

5. 为什么在投资决策中要进行敏感性分析？

答：敏感性分析是投资决策中常用的一种重要的分析方法。当投资方案中某个因素发生变化时，它可用来衡量该变化对方案预期结果所产生的影响程度。如果某因素在较小范围内所发生的变动对原定方案的经济效果产生了较大的影响，即表明该因素的敏感性强；如果某因素在较大范围内的变动仅对原定方案的经济效果产生较小的影响，则表明该因素的敏感性弱。

在长期投资决策中，敏感性分析通常用来研究有关投资方案的现金净流量，或固定资产寿命发生变动时对该方案的净现值和内部报酬率的影响程度。同时，它也可以用来研究当有关投资方案的内部报酬率变动时，对该方案的现金净流量或固定资产使用年限的影响程度。

敏感性分析有助于企业领导了解在执行决策方案时应注意的问题，从而可以预先考虑措施与对策，避免决策上的失误。

六、计算题

1. 答：

$$F=A\times(F/A,i,n)$$

$$A=\frac{10\,000}{(F/A,8\%,5)}=\frac{10\,000}{5.867}$$

$$=1\,704.45(\text{元})$$

每年应存入银行 1 704.45 元。

2. 答：

$$\begin{aligned}P&=A\times(P/A,i,n)\\&=10\,000\times(P/A,8\%,8)\\&=10\,000\times5.746\\&=57\,460(\text{元})\end{aligned}$$

该项目的现值为 57 460 元。

3. 答：

(1) 投资收益的价值。

$$\begin{aligned}F&=A\times(F/A,10\%,10)-5\,000\times(F/P,10\%,9)-5\,000\times(F/P,10\%,8)\\&=5\,000\times15.937-5\,000\times2.358-5\,000\times2.144\\&=57\,175(\text{元})\end{aligned}$$

（2）该项目的现值。

$$P = F \times (P/F, 10\%, 10)$$
$$= 57\ 175 \times 0.386$$
$$= 22\ 069.55(\text{元})$$

或 $$P = A \times [P/A, i, (n-m)] \times (P/F, i, m)$$
$$= 5\ 000 \times [P/A, 10\%, (10-2)] \times (P/F, 10\%, 2)$$
$$= 5\ 000 \times 5.334 \times 0.826$$
$$= 22\ 029.42(\text{元})$$

10 年后取得的投资收益的价值为 57 175 元；其现值为 22 069.55 元。

4. 答：

$$P = \frac{A}{i} = \frac{20}{10\%}$$
$$= 200(\text{万元})$$

该优先股的现值应为 200 万元。

5. 答：

$$\text{年折旧额} = \frac{240\ 000}{12} = 20\ 000(\text{元})$$

根据所给资料，计算出不同年份的年平均成本如表 7-1 所示。

表 7-1

更新年限	1	2	3	4	5	6	7	8	9
折旧额（元）	20 000	20 000	20 000	20 000	20 000	20 000	20 000	20 000	20 000
$(1+10\%)^{-n}$	0.909	0.826	0.751	0.683	0.621	0.565	0.513	0.467	0.424
折余价值 S_n	220 000	200 000	180 000	160 000	140 000	120 000	100 000	80 000	60 000
$S_n(1+10\%)^{-n}$	199 980	165 200	135 180	109 280	86 940	67 800	51 300	37 360	25 440
运行费用 C_n	30 000	30 000	30 000	30 000	35 000	40 000	50 000	50 000	50 000
$C_n(1+10\%)^{-n}$	27 270	24 780	22 530	20 490	21 735	22 600	25 650	23 350	21 200
$\sum C_n(1+10\%)^{-n}$	27 270	52 050	74 580	95 070	116 805	139 405	165 055	188 405	209 605
现值总成本	67 290	126 850	179 400	225 790	269 865	311 605	353 755	391 045	424 165
$(P/A, 10\%, n)$	0.909	1.735	2.486	3.169	3.790	4.355	4.868	5.334	5.759
年平均成本（元）	74 026.40	73 112.39	72 164.12	71 249.61	71 204.49	71 551.09	72 669.47	73 311.77	73 652.54

比较表 7-1 中的年平均成本可知，该设备运行到第 5 年时的年平均成本最低，因此应在设备使用 5 年后，立即将其更新。

6. 答：

(1) 继续使用旧设备。

设备重置成本＝12 000(元)

年折旧额节税＝12 000÷6×25%＝500(元)

$$年折旧额节税现值=500\times(P/A,10\%,6)=500\times 4.355=2\,177.5(元)$$

$$总运行成本现值=[8\,000\times(1-25\%)]\times(P/A,10\%,6)=6\,000\times 4.355=26\,130(元)$$

$$年平均成本=\frac{12\,000-2\,177.5+26\,130}{(P/A,10\%,6)}=\frac{35\,952.5}{4.355}=8\,255.45(元)$$

(2) 改用新设备。

新设备采购成本＝40 000(元)

$$残值收回现值=2\,000\times(P/F,10\%,8)=2\,000\times 0.467=934(元)$$

$$年折旧额节税=\frac{40\,000-2\,000}{8}\times 25\%=1\,187.5(元)$$

$$年折旧额节税现值=1\,187.5\times(P/A,10\%,8)=1\,187.5\times 5.334=6\,334.13(元)$$

$$总运行成本现值=6\,000\times(1-25\%)\times(P/A,10\%,8)=6\,000\times(1-25\%)\times 5.334=24\,003(元)$$

$$年平均成本=\frac{40\,000-934-6\,334.13+24\,003}{(P/A,10\%,8)}=\frac{56\,734.87}{5.334}=10\,636.46(元)$$

由上述计算结果可知，更新设备的年平均成本高于继续使用旧设备，因此不应当更新。

7. 答：

因新旧设备的使用年限不同，故应采用平均年成本法比较两者的优劣。

(1) 继续使用旧设备的平均年成本。

$$每年付现运行成本的现值=2\,000\times(1-25\%)\times(P/A,12\%,4)$$

=1 500×3.037

=4 555.5(元)

年折旧额=15 000×(1−10%)/6=2 250(元)

年折旧额节税现值=2 250×25%×(*P*/*A*,12%,2)

=562.5×1.690

=950.63(元)

残值收入节税现值=[2 000−(2 000−15 000×10%)×25%]

×(*P*/*F*,12%,4)

=1 875×0.636=1 192.5(元)

旧设备变现收益=8 000−[8 000−(15 000−2 250×4)]×25%

=7 500(元)

继续使用旧设备的现金流出总现值=4 555.5+7 500−950.63−1 192.5

=9 912.37(元)

继续使用旧设备的年平均成本=9 912.37/(*P*/*A*,12%,4)

=3 263.87(元)

(2) 更换新设备的平均年成本。

购置成本=13 000(元)

每年付现运行成本的现值=800×(1−25%)×(*P*/*A*,12%,6)

=600×4.111

=2 466.6(元)

年折旧额=13 000×(1−10%)/6=1 950(元)

年折旧额节税现值=1 950×25%×(*P*/*A*,12%,6)

=487.5×4.111

=2 004.11(元)

残值收入节税现值=[2 500−(2 500−13 000×10%)×25%]

×(*P*/*F*,12%,6)

=2 200×0.507

=1 115.4(元)

更换新设备的现金流出总现值=13 000+2 466.6−2 004.11−1 115.4

=12 347.09(元)

更换新设备的年平均成本=12 347.09/(*P*/*A*,12%,6)

=3 003.43(元)

由于更换新设备的年平均成本低于继续使用旧设备，因此应更新该项设备。

教材习题解析

一、思考题

1. 在进行投资决策分析时，为什么要考虑货币的时间价值？

答：货币的时间价值，实际上可以理解为资金使用的机会成本。资金作为一项资源，在一定的时间内是有限的，投入到某一方面使用后，就无法同时再用于其他方面，即失去了其他方面的投资机会。如果投资其他方面可以得到10%的效益，那么投资于该方面至少应获取大于10%的效益，以弥补放弃投资于其他方面的损失。可见，承认并重视货币的时间价值，对资金的使用者而言，意味着永远存在资金的使用压力，他们必须努力挖掘资金的潜力，经济有效地利用资金，最大限度地提高资金的经济效益。

货币的时间价值从量的规定上说，就是在没有通货膨胀和风险的条件下的社会平均利润率。由于市场竞争的结果，市场经济中各部门的投资报酬率趋于一致。每个投资者的投资目的都是使自己的投资尽快增值，这就必然要求投资报酬率高于社会平均利润率，否则不如把钱存入银行或购买国债，以取得社会平均利润率。因此，货币的时间价值就成为投资决策中评价投资方案的基本标准，只有当投资报酬率高于货币的时间价值时，该项目才可能被接受，否则就必须放弃此项目。

2. 为什么在进行投资决策分析时，要以现金流量而不是会计利润作为项目取舍的衡量标准？

答：进行投资决策分析时，要以现金而不是以会计利润作为项目取舍的衡量标准的主要原因是：

（1）科学的投资决策要求考虑货币时间价值。由于长期投资决策要求考虑货币时间价值，在决策分析时不但需要预测现金流入和流出的数量，同时也要考虑现金流发生的时间，以其作为衡量投资项目优劣的依据。而会计利润的计算是建立在权责发生制基础上的，现金流入与流出发生的时间相对不重要。

（2）利润是以权责发生制为基础计算的：一方面，各期利润在一定程度上受所采用的存货计价、费用分摊和折旧计提方法等会计政策选择的影响；另一方面，又会因为应收、应付、预收、预付等原因产生价值波动。此外，利润指标也容易受企业决策层基于某些经济动机的人为操纵。

综上所述，利润的预计比现金流量的预计具有更大的模糊性，用利润指标作为决策的主要依据不太可靠。

3. 从本质上讲，资金时间价值是如何产生的？这对管理而言有何意义？

答：从本质上讲，资金在周转使用中由于时间因素而形成的差额价值（即资金在生产经营中带来的增值额），称为资金的时间价值。资金使用者把从资金提供者处获得的资金投入生产经营，必然借以生产产品或提供劳务，从而创造新价值，带来利润。资金周转使用的时间越长，所获得的利润就越多。

对管理的意义在于：

(1) 时间价值产生于生产流通领域，消费领域不产生时间价值，因此企业应将更多的资金或资源投入生产流通领域而不是消费领域。

(2) 时间价值产生于资金运动之中，只有运动着的资金才能产生时间价值，凡处于停顿状态的资金（从资金增值的自然属性讲已不是资金）不会产生时间价值，因此企业应尽量减少资金的停顿时间和数量。

4. 从计算上讲，资金时间价值的大小取决于哪些因素的影响？这对管理而言有何意义？

答：从计算上讲，资金时间价值的大小取决于终值、现值、利息率和计息期，其中最关键的因素是利息率和计息期。因为在资金总额不变的情况下，终值大小与利息率和计息期成正比。

对管理的意义在于：时间价值的大小取决于资金周转速度及增值速度的快慢，时间价值与资金周转速度及增值速度成正比，因此企业应采取各种有效措施加速资金周转，提高资金的使用效率和使用效果。

5. 如果投资期间不同，或者投资额不等，根据净现值是否能得出正确的结论？如何才能得出正确的结论？

答：如果投资期间不同或者投资额不等，净现值无法得出正确的结论；此时如要得出正确的结论，应采用差额投资内部报酬率进行决策。

6. 何谓敏感性分析？它是如何在投资决策中发挥作用的？

答：在长期投资决策中，敏感性分析是用来研究当投资方案的净现金流量或固定资产的使用年限等因素发生变化时，对该投资方案的净现值或内部报酬率所产生的影响程度。在投资决策分析中，经常利用敏感性分析方法来检查各种变量对投资分析指标的影响程度，以帮助决策者根据企业的具体情况在各种不同的方案中进行选择。

敏感性分析在投资决策中的应用有以下两个方面：

(1) 以净现值为基础的敏感性分析。如果投资方案的净现值大于0，说明该方案的投资报酬率大于预定的贴现率，方案可行。但是如果方案的年现金净流量或固定资产的使用年限发生了变化，方案的可行性将随之发生变化。敏感性分析就是要解决这两个因素可以在多大的范围内变化，而该方案的投资报酬率仍然大于预定贴现率的问题。

(2) 以内部报酬率为基础的敏感性分析。以内部报酬率为基础的敏感性分析可以分别考虑假定年净现金流入量（或有效使用年限）不变的条件下，测算内部报酬率降到最低限（即资本成本率）时对有效使用年限（年净现金流入量）的影响。年净现金流入量和有效使用年限对内部报酬率的影响程度可用敏感系数表示。

敏感系数是目标值的变动百分比与变量值的变动百分比的比值，即

$$敏感系数=\frac{目标值的变动百分比}{变量值的变动百分比}$$

敏感系数大，表明该变量对目标值的影响程度也大，该变量因素为敏感因素，反之亦然。如果年净现金流入量的敏感系数比有效使用年限的敏感系数大，说明年净现金流入量对内部报酬率的影响比有效使用年限大。

二、练习题

1. 答：

(1) $P_n=A\times(P/A,i,n)$

$=24\times(P/A,6\%,30)$

$=24\times13.764$

$=330.336$(万元)

老王如果现在退休，在平均收益率每年6%时，要有330.336万元才能满足退休养老的愿望。

(2) $P_n=A\times(P/A,i,n)$

$330.336=A\times(P/A,6\%,10)$

$A=330.336\div7.360=44.88$(万元)

小王未来10年每年存入44.88万元才能满足老王退休养老的愿望。

2. 答：

(1) 该项投资的报酬率。

$$投资报酬率=\frac{(3\,000+3\,000)\div2}{5\,000}=60\%$$

(2) 该项投资的内部报酬率。

贴现率 $i=12\%$

净现值 $=3\,000\times(P/A,12\%,2)-5\,000$

$=3\,000\times1.690-5\,000$

$=70$(万元)

贴现率 $i=14\%$

净现值 $=3\,000\times(P/A,14\%,2)-5\,000$

$=3\,000\times1.646-5\,000$

$=-62$(万元)

采用内插法计算内部报酬率。

$$IRR=12\%+(14\%-12\%)\times\frac{70}{70-(-62)}$$
$$=13.06\%$$

(3) 贴现率 $i=10\%$ 时该项投资的净现值及获利指数。

$$净现值=-5\,000+3\,000\times(P/A,10\%,2)$$
$$=-5\,000+3\,000\times1.735$$
$$=205(万元)$$

$$获利指数=\frac{3\,000\times(P/A,10\%,2)}{5\,000}$$
$$=\frac{3\,000\times1.735}{5\,000}=1.041$$

3. 答：

当以净现值指标评价方案时，应该选净现值大于或等于 0 的方案，故 A 方案不可取；而在 B 方案与 C 方案之间，C 方案为最优，因为 C 方案的净现值较大。

与净现值相比，获利指数是一个相对数，克服了不同投资额方案间的净现值缺乏可比性的问题。它的经济意义是每 1 元投资在未来获得的现金流入量的现值。当以获利指数指标评价方案时，如果方案的获利指数小于 1，表明其报酬率没有达到预定的贴现率；如果获利指数大于 1，说明其贴现率已超过预定的贴现率，则该方案可以接受。由此可见，B 方案为最优。

内部报酬率反映的是方案本身实际达到的报酬率，它是在整个方案的实施运行过程中，当所有现金净流入年份的现值之和与所有现金净流出年份的现值之和相等时方案的报酬率，亦即能够使项目的净现值为零时的报酬率。当以内部报酬率作为决策指标时，应选择内部报酬率最大的方案。故 B 方案为最优。

4. 答：

(1) 采用售旧购新方案的净现值 $=47\,000\times(P/A,16\%,8)+2\,000\times(P/F,16\%,8)-52\,000$
$=47\,000\times4.343+2\,000\times0.305-52\,000$
$=152\,731$(元)

(2) 仍使用老设备的净现值 $=36\,000\times(P/A,16\%,8)-12\,000$
$=36\,000\times4.343-12\,000$
$=144\,348$(元)

由于售旧购新方案的净现值大于仍使用老设备的净现值，因此该售旧购新方案可行。

5. 答：

(1) 购买设备。

设备折余价值＝120 000×5%＝6 000(元)

年折旧额＝(120 000－6 000)/10＝11 400(元)

购买设备支出＝120 000(元)

因计提折旧节税现值＝11 400×25%×(*P*/*A*,10%,10)＝17 510.4(元)

设备折余价值变现现值＝6 000×(*P*/*F*,10%,10)＝2 316(元)

总支出＝120 000－17 510.4－2 316＝100 173.6(元)

(2) 租赁设备。

租赁费支出＝20 000×(*P*/*A*,10%,10)＝122 880(元)

因支付租赁费节税现值＝20 000×25%×(*P*/*A*,10%,10)＝30 720(元)

总支出＝122 880－30 720＝92 160(元)

上述计算结果表明，租赁设备的总支出数小于购买设备的总支出数，因此企业应采取租赁的方式。

6. 答：

(1) 不考虑货币的时间价值。

去制瓶厂可获工资＝380×12＋380×12×(1＋7%)
＝9 439.2(美元)

去肉制品包装厂可获工资＝24×8.75×12－225×4×2＋550×12
＝7 320(美元)

由于9 439.2＞7 320，如果不考虑时间价值，在制瓶厂可以赚得最多钱。由于Hunter唯一的目标就是在这两个暑假尽量多赚钱，因此选择制瓶厂工作。

需要考虑的主要非定量因素是专业性提升，在肉制品包装厂工作虽然报酬相对低，但会提高会计专业能力。

(2) 考虑货币的时间价值。

去制瓶厂可获工资＝380×12＋380×12×(1＋7%)×(*P*/*F*,5%,1)
＝4 560＋4 879.2×0.952
＝9 205(美元)

去肉制品包装厂可获工资＝24×8.75×12－225×4×2
＋(550×12)×(*P*/*F*,7%,1)
＝2 520－1 800＋6 600×0.935
＝6 891(美元)

即使考虑时间价值，在制瓶厂也可以赚得最多钱。因为 Hunter 唯一的目标就是在这两个暑假尽量多赚钱。但需要考虑的主要非定量因素是专业性提升。去肉制品包装厂本暑假可以上两门会计课，而且做会计全职工作，可以提高会计专业能力。所以，从更长时间看，去肉制品包装厂可以获得更高收益。

第8章

Chapter 8 成本管理：目标、责任与标准

学习目标

通过本章的学习，帮助同学们了解目标成本、责任成本、标准成本的概念，掌握目标成本、责任成本、标准成本的计算方法，并能有效地利用成本差异产生的原因进行成本控制。

学习指导

1. 学习重点

(1) 了解目标成本与企业战略的关系，掌握目标成本确定和分解的方法。

(2) 了解责任成本的内涵，掌握各责任中心责任成本的确定原则和方法。

(3) 了解标准成本的种类及其在成本控制中的作用。

(4) 了解成本差异产生的原因，并熟练掌握各种成本差异的计算、分析和管理。

2. 学习难点

(1) 企业战略是如何通过目标成本确定、责任成本分解、标准成本制定予以落实和实现的。

(2) 目标成本的确定、责任成本的分解、标准成本的制定。

(3) 根据差异产生的原因进行有效的成本控制。

练习题

一、名词解释

1. 目标成本
2. 责任成本
3. 责任中心
4. 标准成本法
5. 标准成本
6. 理想标准成本
7. 现实标准成本
8. 正常标准成本
9. 成本差异
10. 直接材料成本差异
11. 直接人工成本差异
12. 变动制造费用成本差异
13. 固定制造费用成本差异

二、判断题（正确的划√，错误的划×）

1. 分解给各个单位和个人的目标成本必须是该单位和个人可以控制的成本。（　）

2. 责任成本中心的可控成本一定发生在该中心。（　）

3. 所谓的可控性是指各责任中心有权力也有能力控制和调节的成本。可控性是划分责任成本、确定成本责任的基本标志。（　）

4. 任何责任成本中心都对成本负有责任。（　）

5. 不直接决定某项成本的人员，即使对该项成本的支出能够施加重要影响，也不应对该项成本承担责任。（　）

6. 当生产部门的实际产量超过（或低于）正常生产能力时，其折旧费的相对节约（或超支）差异表现为生产部门对折旧费承担的责任，即生产部门不负责折旧费的预算差异，但对其产量差异负责。（　）

7. 标准成本是在正常生产经营下应该实现的，可以作为控制成本开支、评价实际成本、衡量工作效率的依据和尺度的一种目标成本。（　）

8. 制造费用差异按其形成原因可分为价格差异和数量差异。（　）

9. 固定制造费用标准分配率$=\frac{\text{预算固定制造费用}}{\text{实际工时}}$。（　）

10. 材料成本脱离标准的差异、人工成本脱离标准的差异、制造费用脱离标准的差异，都可以分为“量差”和“价差”两部分。（　）

11. 产品标准成本＝产品计划产量×单位产品标准成本。（　）

12. 计算数量差异要以标准价格为基础。（　）

13. 固定制造费用预算应就每个部门及明细项目分别进行编制，实际固定制造费用也应该就每个部门及明细项目分别记录。（　）

14. 正常标准成本与现实标准成本不同的是，它需要根据现实情况的变化不断进行修改，而现实标准成本则可以保持较长一段时间固定不变。（　）

15. 标准成本法是一种成本核算与成本控制相结合的方法。（　　）

16. 在制定标准成本时，理想标准成本因为要求高而成为最合适的一种标准成本。（　　）

三、单项选择题

1. 以产品销售收入减去产品销售税金及附加和目标利润来确定目标成本的方法是（　　）。

A. 加算法　　B. 倒算法

C. 对比法　　D. 回归分析法

2. 把全厂的目标成本分解给各个车间和职能科室，成为这些车间和职能科室的目标成本。然后，各个车间和职能科室再将其目标拆开分解给各个班组的方法是（　　）。

A. 按组织结构分解　　B. 按产品结构分解

C. 按成本形成过程分解　　D. 按成本项目和成本特性分解

3. 由于生产安排不当、计划错误、调度失误等造成的损失，应由（　　）负责。

A. 财务部门　　B. 劳动部门

C. 生产部门　　D. 采购部门

4. 若企业的生产部门、采购部门都是成本中心，由于材料质量不合格造成的生产车间超过消耗定额成本差异部分应由（　　）负担。

A. 生产车间　　B. 采购部门

C. 生产车间与采购部门共同承担　　D. 企业总部

5. 直接人工工时耗用量差异是指单位（　　）耗用量脱离单位标准人工工时耗用量所产生的差异。

A. 实际人工工时　　B. 定额人工工时

C. 预算人工工时　　D. 正常人工工时

6. 直接人工的小时工资率标准，在采用计时工资制下就是（　　）。

A. 实际工资率　　B. 标准工资率

C. 定额工资率　　D. 正常的工资率

7. 计算数量差异要以（　　）为基础。

A. 标准价格　　B. 实际价格

C. 标准成本　　D. 实际成本

8. 材料价格差异通常应由（　　）负责。

A. 财务部门　　B. 生产部门

C. 人事部门　　D. 采购部门

9. 标准成本法是在泰勒的生产过程标准化思想影响下，于 20 世纪 20 年代产生于（　　）。

A. 英国　　B. 法国

C. 美国　　D. 日本

10. 理想标准成本是在（　　）可以达到的成本水平，它排除了一切失误、浪费、机器闲置等因素，根据理论上的耗用量、价格以及最高生产能力制定的标准成本。

A. 正常生产经营条件下　　B. 最佳工作状态下

C. 现有的生产经营条件下　　D. 平均先进的生产条件下

11. 实际工时与预算工时之间的差异造成的固定制造费用差异叫作固定制造费用（　　）。

A. 开支差异　　B. 效率差异

C. 生产能力利用程度差异　　D. 数量差异

12. 对固定制造费用的分析和控制通常是通过编制（　　）与实际发生数对比来进行的。

A. 固定制造费用预算　　B. 固定制造费用计划

C. 固定制造费用标准　　D. 固定制造费用定额

13. 为了计算固定制造费用标准分配率，必须设定一个（　　）。

A. 标准工时　　B. 定额工时

C. 预算工时　　D. 实际工时

四、多项选择题

1. 目标成本是企业在生产经营活动开始之前为产品或工程项目确定的预期成本，是根据（　　）确定的在一定时期内必须达到的成本水平。

A. 竞争战略　　B. 产品的性能

C. 产品的质量　　D. 产品的价格

E. 目标利润

2. 目标成本的确定方法主要有（　　）。

A. 加算法　　B. 倒算法

C. 对比法　　D. 回归分析法

E. 公式法

3. 目标成本控制就是要根据目标成本的要求，（　　）。

A. 规定各种定额和标准　　B. 采取各种控制方法和手段

C. 按照定额和标准进行控制　　D. 对照检查，发现差异

E. 及时加以调整

4. 成本中心是只对（　　）负责的责任中心。

A. 支出　　B. 成本

C. 费用　　D. 收入和利润

E. 投资

5. 各成本中心发生的可控成本包括（　　）。

A. 各成本中心直接发生的责任成本

B. 发生在下属成本中心，而根据责任归属应该由该中心承担责任的成本

C. 发生在平级成本中心，而根据责任归属应该由该中心承担责任的成本

D. 发生在利润中心的直接成本

E. 各成本中心直接发生的成本

6. 应从供应部门责任成本中扣除的相关项目有（　　）。

A. 材料物资盘盈、盘亏、毁损等

B. 由于企业调整生产计划等原因造成材料报废

C. 由于企业调整生产计划等原因造成超时储存

D. 为保证特殊需要而进行紧急订货等原因所追加的成本

E. 为保证特殊需要而进行紧急订货等原因所增加的损失

7. 下列各企业内部单位中可以成为责任中心的有（　　）。

A. 分公司　　B. 地区工厂

C. 车间　　D. 班组

E. 个人

8. A 公司生产车间发生的折旧费用对于（　　）来说是可控成本。

A. 公司厂部　　B. 生产车间

C. 生产车间下属班组　　D. 辅助生产车间

E. 设备管理部门

9. 下列有关成本责任中心的说法中，正确的有（　　）。

A. 成本责任中心不对生产能力的利用程度负责

B. 成本责任中心不进行设备购置决策

C. 成本责任中心不对固定成本负责

D. 成本责任中心应严格执行产量计划，不应超产或减产

E. 成本责任中心不对工时的利用程度负责

10. 下列说法中正确的有（　　）。

A. 下级成本中心的可控成本必然为上级成本中心可控

B. 利润中心的可控成本必然为投资中心可控

C. 某项成本是否为某一责任中心可控，不仅取决于该责任中心的业务内容，而且取决于该责任中心所管辖的业务内容的范围

D. 凡是直接成本均为可控成本

E. 本部门不可控则其他部门必然可控

11. 正常标准成本是在正常生产经营条件下应该达到的成本水平，它是根据（　　）制定的标准成本。

A. 现实的耗用水平　　B. 正常的价格

C. 正常的生产经营能力利用程度　　D. 现实的价格

E. 实际消耗

12. 在制定标准成本时，根据要求达到效率的不同，应采取的标准有（　　）。

A. 理想标准成本　　B. 正常标准成本

C. 现实标准成本　　D. 定额成本

E. 历史成本

13. 构成直接材料成本差异的基本因素有（　　）。

A. 效率差异　　B. 耗用差异

C. 用量差异　　D. 价格差异

E. 时间差异

14. 固定制造费用的三种成本差异是指（　　）。

A. 效率差异　　B. 开支差异

C. 生产能力利用差异　　D. 价格差异

E. 数量差异

15. 阐述材料价格差异的原因，可能会有（　　）。

A. 进料数量未按经济订货量办理

B. 购入低价材料

C. 折扣期内延期付款，未获优惠

D. 增加运输途中耗费

E. 发生退货

16. 影响材料采购价格的各种因素有（　　）。

A. 采购批量　　B. 运输工具

C. 交货方式　　D. 材料质量

E. 采购人员

17. 影响人工效率的因素是多方面的，包括（　　）。

A. 生产工人的技术水平　　B. 生产工艺过程

C. 原材料的质量　　D. 设备的状况

E. 资金状况

18. 正常标准成本是在正常生产条件下应该达到的成本水平。这种标准成本通常反映了过去一段时期的（　　）。

A. 实际成本水平的平均值　　B. 该行业价格的平均水平
C. 平均生产能力　　D. 最高生产能力
E. 平均技术水平

19. 成本差异按成本的构成可以分为（　　）。
A. 直接材料成本差异　　B. 直接人工成本差异
C. 价格差异　　D. 数量差异
E. 制造费用差异

20. 影响材料用量差异的因素有（　　）。
A. 材料的质量　　B. 采购批量
C. 生产工人技术熟练程度　　D. 生产设备状况
E. 供应商选择

21. 造成差异的原因中，应由生产部门负责的有（　　）。
A. 材料质量　　B. 生产安排不当
C. 生产工人技术水平低　　D. 调度失误
E. 材料价格

22. 造成差异的原因中，应由采购部门负责的有（　　）。
A. 材料质量　　B. 材料价格
C. 生产设备状况　　D. 供应商选择
E. 生产工艺

五、简答题

1. 如何按成本形成过程分解目标成本？
2. 确定各成本中心的责任成本时，应遵循哪些原则？
3. 标准成本都有哪些？各有哪些作用？
4. 成本差异的种类有哪些？各说明什么问题？
5. 标准成本差异的局限性有哪些？

六、计算题

1. 中盛公司生产甲产品需要使用一种直接材料A。本期生产甲产品1 000件，耗用材料为9 000千克，A材料的实际价格为每千克200元。假设A材料的标准价格为每千克210元，单位甲产品的标准用量为10千克。

要求：计算A材料的成本差异。

2. 中盛公司本期预算固定制造费用为5 000元，预算工时为2 000小时，实际耗用工时1 400小时，实际固定制造费用为5 600元，标准工时为2 100小时。

要求：计算固定制造费用成本差异。

3. 某厂本月有关预算资料及执行结果如表8-1所示。

表8-1 预算资料及执行结果

项目	预算资料	执行结果
固定制造费用（元）	4 000	3 980
变动制造费用（元）	500	510
总工时（小时）	2 500	2 200

已知标准工时为2 000小时，变动制造费用标准分配率为0.25元/小时。

要求：分析变动制造费用差异和固定制造费用差异。

练习题参考答案

一、名词解释

1. 目标成本，是企业在生产经营活动开始之前为产品或工程项目确定的预期成本，是根据产品的性能、质量、价格和目标利润确定的企业在一定时期内必须达到的成本水平。

2. 责任成本，是一种以责任中心为成本计算对象的成本，是考评各责任中心经营业绩和职责履行情况的重要依据。

3. 责任中心，是按既定职责范围和权力确定责任的内部单位，按照分权管理的原则可以分为成本中心、利润中心和投资中心三类。

4. 标准成本法，是指通过制定标准成本，将标准成本与实际成本进行比较获得成本差异，并对成本差异进行因素分析，据以加强成本控制的一种成本计算方法。

5. 标准成本，是在正常生产经营条件下应该实现的，可以作为控制成本开支、评价实际成本、衡量工作效率的依据和尺度的一种目标成本。

6. 理想标准成本，是在最佳工作状态下可以达到的成本水平，是排除了一切失误、浪费和资源闲置等因素，根据理论耗用量、价格以及满负荷生产能力制定的标准成本。

7. 现实标准成本，是在现有的生产条件下应该达到的成本水平，它是根据现在所采用的价格水平、生产耗用量以及生产经营能力利用程度而制定的标准成本。这种标准成本最接近实际成本，最切实可行，通常认为它是能激励工人努力达到所制定的标准，并为管理层提供衡量的标准。

8. 正常标准成本，是在正常生产经营条件下应该达到的成本水平，是根据正常的耗用水平、正常的价格和正常的生产经营能力利用程度制定的标准成本。

9. 成本差异，是指实际成本与标准成本之间的差额，也称标准差异。成本差异按成本的构成可以分为直接材料成本差异、直接人工成本差异和制造费用差异。制造费用差异（即间接制造费用差异）按其形成的原因和分析方法的不同，又可分为变动制造费用差异和固定制造费用差异两部分。

10. 直接材料成本差异，是指一定产量产品的直接材料实际成本与直接材料标准成本之间的差额。

11. 直接人工成本差异，是指一定产量下的直接人工实际成本与直接人工标准成本之间的差额。

12. 变动制造费用成本差异，是指一定产量产品的实际变动制造费用与标准变动制造费用之间的差额。变动制造费用是变动制造费用分配率与直接人工工时之积，因此，变动制造费用差异包括变动制造费用分配率差异和变动制造费用效率差异。

13. 固定制造费用成本差异，是指一定期间的实际固定制造费用与标准固定制造费用之间的差额。根据固定制造费用不随业务量的变动而变动的特点，为了计算固定制造费用标准分配率，必须设定一个预算工时，实际工时与预算工时之间的差异造成的固定制造费用差异叫作固定制造费用生产能力利用差异。因此，固定制造费用差异除了像变动制造费用那样包括开支差异和效率差异外，还包括生产能力利用差异。

二、判断题

1. √	2. ×	3. √	4. √
5. ×	6. √	7. √	8. ×
9. ×	10. ×	11. ×	12. √
13. √	14. ×	15. √	16. ×

三、单项选择题

1. B	2. A	3. C	4. B
5. A	6. B	7. A	8. D
9. C	10. B	11. C	12. A
13. C			

四、多项选择题

1. BCDE	2. ABCDE	3. ABCDE	4. BC
5. ABC	6. BCDE	7. ABCDE	8. AB
9. BD	10. ACDE	11. BC	12. ABC
13. CD	14. ABC	15. ABD	16. ABCD
17. ABCD	18. ABCE	19. ABE	20. ACD
21. BCD	22. ABD		

五、简答题

1. 如何按成本形成过程分解目标成本？

答：由于产品成本的形成经过供应过程、生产过程和销售过程，在每一过程中成本都有不同的表现形式，即供应过程的采购成本、生产过程的制造成本、销售过程的销售成本，因此产品目标成本可以按成本的形成过程进行分解。这种分解方法有利于按成本形成过程来控制成本。

2. 确定各成本中心的责任成本时，应遵循哪些原则？

答：应遵循可控原则与责任归属原则。

各成本中心发生的可控成本分为两种情况：一是各成本中心直接发生的责任成本；二是发生在其他成本中心，而根据责任归属原则应该由该中心承担责任的成本。如供水、供电部门未保证正常水电供应导致其他部门的停工损失及由此而产生的废品损失等，尽管这些损失发生在相关部门，但其责任应该在供水、供电部门，相关的损失应该由遭受损失的部门追溯到供水、供电部门。

判别成本费用的责任归属可按以下原则：某责任中心通过自己的行动能有效地影响一项成本的数额，它就应对这项成本负责；某责任中心有权决定是否使用某种资产或劳务，它就应对这些资产或劳务的成本负责；某管理人员虽然不能直接决定某项成本，但是上级要求他参与有关事项，从而对该项支出施加了重要影响，则他对该项成本也要承担责任。

3. 标准成本都有哪些？各有哪些作用？

标准成本是在正常生产经营条件下应该实现的，作为控制成本开支、衡量工作效率、评价成本效益的依据和尺度的一种目标成本。主要有以下三种。

（1）理想标准成本。是在最佳工作状态下可以达到的成本水平，是排除了一切失误、浪费和资源闲置等因素，根据理论耗用量、价格以及满负荷生产能力制定的标准成本。理想标准成本是企业努力的方向和目标。

（2）正常标准成本。是在正常生产经营条件下应该达到的成本水平，是根据正常的耗用水平、正常的价格和正常的生产经营能力利用程度制定的标准成本。正常标准成本是一种可以在较长时间采用的标准成本。

（3）现实标准成本。是在现有的生产条件下应该达到的成本水平，是根据现在的价格水平、生产耗用量以及生产经营能力利用程度制定的标准成本。现实标准成本最接近实际成本，最切实可行，通常认为是员工经过努力可以达到的标准，并为管理层提供衡量的标准。

4. 成本差异的种类有哪些？各说明什么问题？

答：成本差异按成本的构成可以分为直接材料成本差异、直接人工成本差异和制造费用差异。制造费用差异（即间接制造费用差异）按其形成的原因和分析方法的不同，又可分为变动制造费用差异和固定制造费用差异两部分。直接材料成本差异、直接人工成本差异和变动制造费用差异都属于变动成本，决定变动成本数额的因素是价格和耗用数量。所以，对于直接材料成本差异、直接人工成本差异和变动制造费用差异，按其形成原因可分为价格差异和数量差异。固定制造费用是固定成本，不随业务量的变动而变动，其差异不能简单地分为价格因素和耗用数量因素。固定制造费用差异可分为开支差异、生产能力利用差异和效率差异。

5. 标准成本差异的局限性有哪些？

答：(1) 成本差异不能有效说明产生的原因，尤其无法说明成本差异的效果（即优劣）。因此，不能简单根据成本的超支或节约说明成本管理工作的好坏。(2) 不能公正评价各责任部门的生产经营效益。各项成本差异反映业绩和问题，这种计算可能因负责数量差异的部门（如生产部门）减少一部分差异责任，而导致负责价格差异的部门（如采购部门）额外承担价量混合差异责任，这不利于业绩评定和责任追究。(3) 成本控制重点发生偏差。对差异的计算分析，管理部门偏重于对价格差异的控制，忽视对数量差异的控制。但价格差异因素为不可控因素，数量差异因素才是成本控制的重点。

六、计算题

1. 答：

A材料的成本差异计算如下：

材料价格差异＝(200－210)×9 000＝－90 000(元)

材料数量差异＝210×(9 000－10 000)＝－210 000(元)

材料成本差异＝200×9 000－210×10 000＝－300 000(元)

或 ＝－90 000＋(－210 000)＝－300 000(元)

2. 答：

(1) 固定制造费用标准分配率和实际分配率计算如下：

固定制造费用标准分配率＝5 000/2 000＝2.5

固定制造费用实际分配率＝5 600/1 400＝4

(2) 固定制造费用开支差异、效率差异和生产能力利用差异计算如下：

固定制造费用开支差异＝5 600－5 000＝600(元)

固定制造费用效率差异＝2.5×(1 400－2 100)＝－1 750(元)

固定制造费用生产能力利用差异＝2.5×(2 000－1 400)＝1 500(元)

标准固定制造费用＝2.5×2 100＝5 250(元)

所以

固定制造费用成本差异＝5 600－5 250＝350(元)

或 ＝600－1 750＋1 500＝350(元)

3. 答：

(1) 变动制造费用差异。

变动制造费用总差异＝510－(2 000×0.25)＝10(元)

变动制造费用效率差异＝0.25×(2 200－2 000)＝50(元)

变动制造费用分配率差异＝510－(2 200×0.25)＝－40(元)

(2) 固定制造费用差异。

固定制造费用标准分配率＝4 000/2 500＝1.6(元)

固定制造费用开支差异＝3 980－4 000＝－20(元)

固定制造费用效率差异＝1.6×(2 200－2 000)＝320(元)

固定制造费用生产能力利用差异＝1.6×(2 500－2 200)＝480(元)

教材习题解析

一、思考题

1. 如何基于企业战略及经营目标制定目标成本？

成本规划是制定目标成本的前提，旨在为具体的成本管理提供战略思路和方法设计。成本规划是根据企业的竞争战略和所处的经济环境制定的，内容主要包括：确定成本管理的重点，规划控制成本的战略途径，提出成本计算的精度要求，以及确定业绩评价的目的和标准（成本规划流程如图 8－1 所示）。

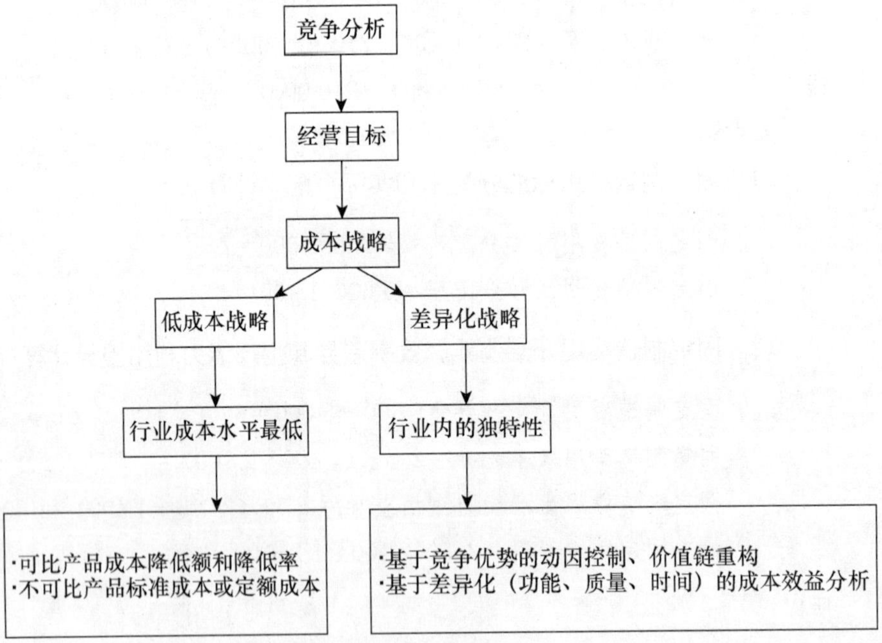

图 8－1 成本规划流程

可见，竞争分析形成经营目标，进而形成企业的成本战略。而不同的成本战略对成本管理的要求是不一样的，目标成本的内涵也就不同。

2. 目标成本的分解、责任的落实、标准成本控制之间如何才能有效结合？

在成本控制目标确定的情况下，成本控制的核心是将成本控制目标转化为目标成本后以责任成本的形成落实下去进行成本控制（成本控制流程如图 8－2 所示）。一般而言，目标成本是按产品确定的（即有效市场销售价格和既定目标利润），目的在于确定和控制产品的盈利性；而责任成本通常是按责任中心确定的（即按可控原则和追溯原则确定），目的在于保障目标成本的实现，确定企业各单位、各部门、责任者的责任。因此，目标成本应按责任中心进行再分类，以便于归集、分配到各责任中心。分配到各责任中心的可控成本（或费用）再根据管理需要，制定标准（或定额、预算）成本，进行标准控制。

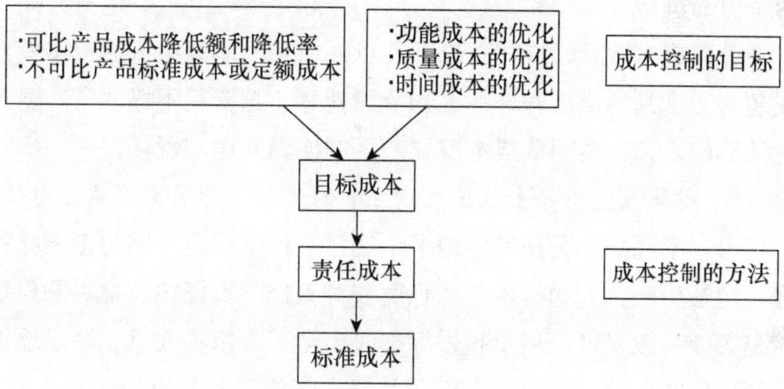

图 8－2　成本控制流程

3. 责任成本应该如何确认和归集？

答：各成本中心的责任成本分为两种情况：一是各成本中心直接发生的责任成本；二是发生在其他成本中心，而根据责任归属原则应该由该成本中心承担责任的成本。如供水部门、供电部门未能保证正常水电供应而导致生产部门的停工损失、废品损失等，尽管成本发生在其他部门，但责任应该由供水部门、供电部门承担。于是，相关损失应该通过责任转账方式追溯到供水部门、供电部门。被追溯的责任成本主要有：本中心产生的废品在后续生产步骤发现而应负担的损失，包括该废品在本中心的生产成本及后续生产部门生产过程中追加的成本；本中心造成的其他成本中心发生的损失；未能按生产计划均衡生产致使半成品或产成品供应中断，而导致后续生产部门的停工损失或产品销售的违约损失；设备使用不当而造成的各方面的损失等。

因此，某责任中心通过自己的行动能够有效影响一项成本的数额，它就应对这项成本负责；某责任中心有权决定是否使用某种资产或劳务，它就应对这些资产或劳务的成本负责；某管理人员虽然不能直接决定某项成本，但是上级要求他参与有关事项，从而对该项支出施加了重要影响，则他对该项成本也要承担责任。

4. 成本差异是越大越好还是越小越好？

答：成本差异既不是越大越好也不是越小越好，而是适合标准才好。因为成本的发生是为了完成预定任务，而完成预定任务一定要消耗相应的资源，从而形成成本。如果损害预定任务（如降低质量），虽然可以降低成本（短期、眼前利益），但一定会给企业造成更大的损害（长期、长远利益）。而超出预定任务（如形成过剩质量），也不会给企业带来更多的利益，因为顾客不会为过剩质量付款。

5. 说明变动成本差异产生的原因，阐述分析成本差异应注意的事项。

答：直接材料成本差异、直接人工成本差异和变动制造费用差异都属于变动成本差异，决定变动成本数额的因素是价格和耗用数量。因此，变动成本控制应分别按直接材料成本、直接人工成本和变动制造费用等三个项目，从价格和数量两个方面进行。

分析成本差异时应注意以下几点：(1) 不能简单依据成本差异的方向（节约或超支）来判断优劣和好坏，如节约就好，超支就不好。(2) 要确定成本差异的责任部门。(3) 要明确成本差异产生的原因并确定责任。

6. 材料数量差异永远是生产主管的责任。你是否同意这句话？为什么？

答：不同意。责任发生地不一定是责任承担地。因为影响材料用量的因素很多，包括生产工人的技术熟练程度和对工作的责任感、材料的质量、生产设备的状况等。一般来说，用量超过标准大多是工人粗心大意、缺乏培训或技术素质较低等原因造成的，应由生产部门负责。但用量差异有时也会是其他部门造成的。例如，采购部门购入了低质量的材料，致使生产部门用料过多，由此而产生的材料数量差异应由采购部门负责。再如，由于设备管理部门的原因致使生产设备不能完全发挥其生产能力，造成材料数量差异，则应由设备管理部门负责。找出和分析造成差异的原因是进行有效控制的基础。

7. 试述固定制造费用成本差异产生的原因，阐述分析成本差异应注意的事项。

答：固定制造费用属于固定成本，在一定业务量范围内不随业务量的变动而变动。固定制造费用成本差异不能简单地分为价格差异和数量差异两种类型，而是分为开支差异、效率差异和生产能力利用差异。因此，固定制造费用控制应分别从开支、效率和生产能力利用三个方面进行。

分析成本差异应注意以下几点：(1) 与变动制造费用成本差异分析同理，按照“二八”原则对数量占20%但金额占80%的项目，应逐一进行分析，以确保重点控制的有效性。(2) 根据经验数据、预算数据和管理要求确定各明细项目的标准，编制预算、进行控制。如按定岗、定员、定编的要求确定员工的类别、数量、工资标准等，为工资费用的控制提供依据。(3) 将固定制造费用各明细项目的固定预算与实际发生数进行对比、分析，按成本效益原则对差异进行评价，并采取必要的控制措施。

8. 目标成本、责任成本、标准成本如何结合才能构成有效的成本控制系统？

首先，目标成本、责任成本、标准成本的有效结合应建立在企业战略基础之上，不同企业战略下三者结合的内容、方式是不一样的；其次，三者的结合要考虑企业的环境和管理需要；最后，目标成本、责任成本、标准成本有着不同的运用条件。

二、练习题

1. 答：

固定制造费用标准分配率＝84 000÷33 600＝2.5(元)

固定制造费用实际分配率＝85 880÷33 800＝2.54(元)

固定制造费用开支差异＝85 880－84 000＝1 880(元)

固定制造费用生产能力利用差异＝2.5×(33 600－33 800)＝－500(元)

固定制造费用效率差异＝2.5×(33 800－31 200)＝6 500(元)

固定制造费用差异＝1 880－500＋6 500＝7 880(元)

2. 答：

(1) 计算如下：

直接材料价格差异＝(36 480÷4 800－7)×4 840＝2 904(元)

直接材料数量差异＝7×(4 840－965×5)＝105(元)

直接人工工资率差异＝(9.2－9)×4 000＝800(元)

直接人工效率差异＝9×(4 000－965×4)＝1 260(元)

变动制造费用分配率差异＝11 900－3×4 000＝－100(元)

变动制造费用效率差异＝3×4 000－3×965×4＝420(元)

固定制造费用开支差异＝19 800－5×1 000×4＝－200(元)

固定制造费用生产能力利用差异＝5×1 000×4－5×4 000＝0

固定制造费用效率差异＝5×4 000－5×965×4＝700(元)

(2) 一般来说，用量超过标准大多是工人粗心大意、缺乏培训或技术水平较低等原因造成的，应由生产部门负责，但用量差异有时也会由其他部门造成。例如，采购部门购入了低质量的材料，导致生产部门用料过多，或者生产设备不能完全发挥其生产能力，造成材料用量差异。直接人工工资率差异可能是由于生产过程中使用了工资级别较高、技术水平较高的工人从事了要求较低的工作，从而造成了工资费用超支。

(3) 数量差异在固定制造费用中应当被确定为固定制造费用效率差异，反映了实际工时和标准工时在标准分配率下对于成本的差异影响。该差异是实际工时脱离标准工时引起的，反映工时的利用程度。该差异的存在可以引导管理人员通过对员工合理安排、工时有效利用来缩小差异。

(4) 直接材料成本差异、直接人工成本差异和制造费用差异构成了企业整体的成本差异。直接材料成本差异包括材料价格差异和材料数量差异，这两者的合计即为直接材料成本差异。直接人工成本差异包括人工工资率差异和直接人工工时耗用量差异，这两者的合计数为直接人工成本差异。

制造费用差异包括变动制造费用差异和固定制造费用差异。变动制造费用差异同样是变动制造费用分配率差异和变动制造费用效率差异的合计。固定制造费用差异则分成三类，开支差异、效率差异和生产能力利用差异。

划分成本差异是为了找出差异的原因并就差异进行责任归属，这样做是为了更有效地进行成本控制。

3. 答：

(1) 小刘购进大量原材料是为了获得有利的材料价格差异。这种行为不是价格目标。价格目标不能简单地通过有利或不利差异来衡量，差异是否有利取决于它们发生的原因。

(2) 小刘应该被解雇。因为小刘一味地强调达到标准导致公司购进过多的材料，造成大量资金占用在存货上，增加了存货成本和资金短缺成本，给公司的正常运营造成不利影响。

第 9 章 Chapter 9 作业成本计算与管理

学习目标

通过本章的学习，使同学们了解作业成本计算法产生的内外环境，进而掌握作业成本计算的原理、基本理论和方法，并能在不同的管理环境灵活应用作业成本计算与管理的基本理论和方法解决算为管用、算管结合的管理实践问题。

学习指导

1. 学习重点

（1）了解企业内外环境对成本结构的影响，并深入理解内部管理要求的细化与作业成本计算法产生的内在联系。

（2）了解和掌握作业成本计算法的理论体系，并准确理解作业成本计算法与传统成本计算法的异同。

（3）准确理解作业的性质、作业的分类及其在管理中的作用。

（4）了解作业成本计算法的基本流程并熟练掌握作业成本计算法的应用。

2. 学习难点

（1）要深入理解不同成本分类的作用（成本按可控性分类、成本按对价值的贡献分类等）、不同成本概念之间的关系（如作业成本与可控成本的区别和联系），这是将各种成本计算方法根据不同环境和管理需要进行组合与融合的基础。

（2）在了解和掌握作业成本计算法理论体系的基础上，准确理解作业成本计算法与传统成本计算法的异同，从而将成本计算与成本管理结合起来，并在不同环境中有效地结合应用。

练习题

一、名词解释

1. 资源
2. 作业
3. 作业中心
4. 制造中心
5. 作业动因
6. 资源动因
7. 增值作业
8. 不增值作业

二、判断题（正确的划√，错误的划×）

1. 在变化的制造环境下，传统成本计算方法计算的产品成本将会歪曲成本信息，甚至使成本信息完全丧失决策相关性。（　）

2. 作业成本计算法认为，产品成本实际上就是企业为生产该产品的全部作业所消耗的资源的总和。（　）

3. 作业成本计算法下的成本项目是按照经济用途设置的。（　）

4. 作业成本计算法下的产品成本是完全成本。（　）

5. 能增加股东回报的作业称为增值作业。（　）

6. 作业成本计算法的成本计算对象是产品步骤或订单。（　）

7. 资源即使被消耗，也不一定都是对形成最终产出有意义的消耗。（　）

8. 作业中心既是成本汇集中心，也是责任考核中心。（　）

9. 制造中心只能生产直接对外销售的产品，不能生产半成品。（　）

10. 作业成本计算法认为，产品直接消耗资源。（　）

11. 生产废品的作业是一项不增值作业。（　）

12. 制造中心既可以依据产品来划分，也可以依据生产步骤来划分。（　）

13. 资源耗用量的高低与最终的产出量有直接的关系。（　）

14. 获取决策相关性强的成本信息是作业成本计算法得以产生的理论依据。（　）

15. 在作业成本计算法下，产品成本是指制造成本。（　）

16. 作业成本计算法强调费用支出的合理性、有效性，而不论其是否与产出直接有关。（　）

17. 企业将无效资源耗费和非增值作业耗费计入期间费用是希望通过作业管理消除这些耗费。（　）

18. 作业成本法与传统成本法是相互排斥的。（　）

19. 结构性成本动因是指决定企业基础结构的成本动因，往往发生在生产开始之前。（　）

20. 执行性成本动因是指决定企业作业程序的成本动因，它是在结构性成本动因确定以后才成立的。（　）

三、单项选择题

1. 作业成本计算法把企业看成为最终满足顾客需要而设计的一系列（　　）的集合。

A. 契约　　B. 作业　　C. 产品　　D. 生产线

2. 在现代制造业中，（　　）的比重极大地增加，结构也彻底发生了改变。

A. 直接人工　　B. 直接材料

C. 间接费用　　D. 期间费用

3. （　　）是负责完成某一项特定产品制造功能的一系列作业的集合。

A. 作业中心　　B. 制造中心

C. 企业　　D. 车间

4. 服务于每批产品并使每一批产品都受益的作业是（　　）。

A. 专属作业　　B. 不增值作业

C. 批别动因作业　　D. 价值管理作业

5. 作业成本计算法下的成本计算程序，首先要确认作业中心，将（　　）归集到各作业中心。

A. 资源耗费价值　　B. 直接材料

C. 直接人工　　D. 制造费用

6. 作业成本计算法下对于编外人员的工资，应计入（　　）。

A. 制造费用　　B. 期间费用

C. 直接人工　　D. 产品成本

7. 采购作业的作业动因是（　　）。

A. 采购次数　　B. 采购批量

C. 采购数量　　D. 采购员人数

8. 与传统成本计算法相比，作业成本计算法更注重成本信息对决策的（　　）。

A. 有用性　　B. 相关性

C. 可比性　　D. 一致性

9. 从作业成本计算的角度看，（　　）是基于一定的目的、以人为主体、消耗一定资源的特定范围内的工作。

A. 资源　　B. 作业

C. 作业中心　　D. 制造中心

10. 作业成本计算法的决策相关性是指基于作业基础计算出的（　　）能满足企业生产经营决策多方面的需要。

A. 价格信息　　B. 产量信息

C. 销售信息　　D. 成本信息

11. 作业成本法是把企业消耗的资源按（　　）分配到作业以及把作业收集的作业成本按（　　）分配到成本对象的核算方法。

A. 资源动因、作业动因　　B. 资源动因、成本动因

C. 成本动因、作业动因　　D. 作业动因、资源动因

12. 企业管理深入到作业层次以后，企业即成了为满足顾客需要而设计的一系列作业的集合体，从而形成了一个由此及彼、由内向外的（　　）。

A. 采购链　　B. 作业链

C. 供应链　　D. 产品链

13. 下列项目中属于作业性成本动因的是（　　）。

A. 地理位置　　B. 产量

C. 整合程度　　D. 技术

14. 下列项目中属于产品单位层次作业的是（　　）。

A. 产品设计　　B. 折旧

C. 批量采购　　D. 产品检验

四、多项选择题

1. 作业成本计算法的成本计算对象包括（　　）层次。

A. 资源　　B. 作业

C. 作业中心　　D. 批次

E. 制造中心

2. 作业按照对价值的贡献，分为（　　）。

A. 采购作业　　B. 生产作业

C. 增值作业　　D. 不增值作业

E. 销售作业

3. 作业应具备的特征包括（　　）。

A. 作业是以人为主体的

B. 作业消耗一定的资源

C. 区分不同作业的标志是作业目的

D. 作业可以分为增值作业和非增值作业

E. 作业的范围可以被限定

4. 划分制造中心的依据可以是（　　）。

A. 生产某一种产品　　B. 生产某个系族多种产品

C. 生产步骤　　D. 生产批次

E. 生产车间

5. 作业成本核算的基础是成本驱动因素理论，包括（　　）。

A. 生产经营导致作业的发生　　B. 消耗资源并导致成本的发生

C. 间接成本按成本动因分配　　D. 直接成本直接计入

E. 间接成本分配计入

6. 作业成本计算法认为，产品成本应是真正意义上的完全成本，取决于一个产品所耗用的（　　）。

A. 作业种类　　B. 每种作业数量

C. 每种作业的单位成本　　D. 每种作业的形态

E. 作业中心

7. 传统的成本计算方法把产品成本区分为（　　）。

A. 直接材料　　B. 直接人工

C. 制造费用　　D. 生产成本

E. 间接费用

8. 传统制造企业的经营过程习惯地分为（　　）。

A. 材料采购　　B. 产品设计

C. 产品生产　　D. 产品销售

E. 售后服务

9. 在作业成本计算法下，价值归集的方向受（　　）限制。

A. 资源种类　　B. 制造中心种类

C. 作业种类　　D. 作业中心种类

E. 产品种类

10. 下列项目中属于战略性成本动因的有（　　）。

A. 地理位置　　B. 产量

C. 整合程度　　D. 技术

E. 生产能力运用模式

11. 执行性成本动因是指决定企业作业程序的成本动因，主要包括（　　）。

A. 生产能力运用模式　　B. 学习与溢出

C. 联系　　D. 全面质量管理

E. 员工对企业的向心力

12. 下列项目中属于产品批量层次作业的有（　　）。

A. 机器准备　　B. 原材料处理

C. 生产流程确定　　D. 设备调试

E. 订单处理

五、简答题

1. 试述作业成本计算法产生的原因。

2. 企业对成本信息的需求主要包括哪几个方面?

3. 在实际操作中，作业成本计算流程有哪几个步骤?

4. 成本动因应该如何选择？

5. 什么是联系？联系是如何影响成本的？

6. 确立资源动因的原则是什么？

六、计算题

1. 某企业生产多种机床。其间接费用的分配如表9-1所示。

表9-1 作业衡量参数表

作业名称	作业动因	分配率
材料管理	部件数量	8元/个
加工	机器小时数	68元/小时
装配	装配线小时数	75元/小时
检验	检验小时数	104元/小时

101A型机床每台消耗直接材料3 000元，由50个部件组成，加工消耗12个机器小时，装配消耗15个装配线小时，检验消耗4个检验小时。

要求：计算101A型机床的单位成本。

2. 某小型企业为客户定制产品（部分零件购买，部分零件按客户需要加工）。企业现有员工20人，按加工和装配两个中心组织生产，加工中心月生产能力800小时，装配中心月生产能力1 000小时。企业本月生产作业规划资料如表9-2、表9-3、表9-4及表9-5所示。

表9-2 本月生产作业规划

名称	数量（件）	单位材料定额（元）	需用工时定额（小时）		完工情况
			加工	装配	
产品A	100	46	2.5	40	完工
产品B	10	336	50	50	完工

表9-3 本月资源耗费计算表

项目	材料费	工资费	动力费	折旧费	办公费	合计
金额（元）	8 000	10 000	500	3 000	2 000	23 500

表9-4 主要参数及专属费用表

作业参数或费用	订单	计划	采购	加工	装配	搬运	厂部	合计
人员编制（人）	1	1	2	5	7	1	3	20
耗电度数（度）	20	60	20	500	200	100	100	1 000
折旧费（元）	200	200	300	1 000	500	500	300	3 000
办公费（元）	200	200	300	200	200	100	800	2 000

表 9-5　作业衡量参数表

作业名称	作业动因	衡量参数	产品消耗		
			产品 A	产品 B	其他
订单	订单份数	10	1	1	8
计划	计划次数	4	1	1	2
采购	采购次数	10	9	1	0
加工	加工小时	750	250	500	0
搬运	搬运次数	25	20	5	0
装配	装配小时	900	400	500	0
厂部	价值				

要求：用作业成本法计算产品 A 和产品 B 的总成本和单位成本。

练习题参考答案

一、名词解释

1. 资源，所有进入作业系统的人力、物力、财力等都属于资源范畴。资源一般分为货币资源、材料资源、人力资源、动力资源等。

2. 作业，从作业成本计算角度看，作业是基于一定的目的、以人为主体、消耗一定资源的特定范围内的工作。

3. 作业中心，是负责完成某一项特定产品制造功能的一系列作业的集合。作业中心既是成本汇集中心，也是责任考核中心。

4. 作为成本计算对象，制造中心的成本实质上指计算制造中心产出的产品的成本。各制造中心只生产某一种产品或某个系族多种产品，制造中心所产产品只是相对于该制造中心而言，未必是企业的最终产品。

5. 作业动因，是指各作业被最终产品或劳务消耗的方式和原因。作业动因是将作业成本分配到产品或劳务中去的标准，也是将作业耗费与最终产出相沟通的中介。

6. 资源动因，是指资源被各作业消耗的方式和原因。资源动因反映了作业对资源的消耗状况，因而是把资源户价值分解到各作业户的依据。

7. 增值作业，是指能增加转移给顾客价值的作业。

8. 不增值作业，是指那些虽然消耗资源，但其消耗并不产生效益，对制造产品并没有做出贡献的作业。

二、判断题

1. √	2. √	3. ×	4. √
5. ×	6. ×	7. √	8. √
9. ×	10. ×	11. √	12. √
13. ×	14. √	15. ×	16. √

17. √	18. ×	19. √	20. √

三、单项选择题

1. B	2. C	3. A	4. C
5. A	6. B	7. A	8. A
9. B	10. D	11. A	12. B
13. B	14. B		

四、多项选择题

1. ABCE	2. CD	3. ABCDE	4. ABC
5. AB	6. ABC	7. ABC	8. ACD
9. AD	10. ACDE	11. ACDE	12. ABDE

五、简答题

1. 试述作业成本计算法产生的原因。

答：现代制造业的两个特点直接引发了作业成本计算法的产生：一是作业观念已引起管理上的重视；二是制造过程中间接费用的比重和结构发生了很大的变化。

一方面，20世纪70年代以来，随着社会化大生产和劳动生产率的迅速提高，竞争日趋激烈，买方市场逐步形成，要求企业提供更加多样化和更具个性化的产品和服务。市场需求的这种变化对传统的生产组织形式提出了挑战。企业采用弹性制造系统对需求做出迅速反应，生产工序经常根据顾客的需要进行调整。企业采用适时制生产方式，降低成本，增加利润，适时制要求企业内部不同工序和环节必须紧密相扣，适时相接。这一切都要求成本管理深入到作业层次，把企业生产工序和环节视为对最终产品提供服务的作业，把企业看成为最终满足顾客需要而设计的一系列作业的集合。这时，降低成本工作的重点在于分析、区分作业类型并且衡量各种作业所耗资源的价值。成本会计的目标呈现多元化，从最初耗费形态的各种资源，到作业、作业中心、制造中心乃至最后的产品等都是成本计算的直接对象，显然，传统的成本计算方法很难满足如此多层次的计算目标。所以说，作业观念引起了成本管理要求的变化，引发了作业成本计算法的产生。

另一方面，现代制造业中，间接费用的比重极大地增加。同时，间接费用的结构和可归属性也彻底发生了改变。这时的间接费用并不直接与生产过程有关，许多费用甚至完全发生在制造过程以外，如组织协调生产过程费用。这种结构的间接费用在性质上已经和传统生产条件下的制造费用有所不同，加上现代制造业自动化程度日益提高，直接人工成本极大减少，再用传统的方法将间接费用分配给最终产品或劳务就显得很不合理。间接费用比重和结构的变化也引发了作业成本计算法的产生。

2. 企业对成本信息的需求主要包括哪几个方面?

答：在现代制造业中，企业对成本信息的需求是多方面的。主要包括：

(1) 成本信息应有助于相对准确地确定期末存货的价值，从而有助于提供企业的财务状况信息。

(2) 成本信息应有助于相对准确地确定已销商品成本，从而有助于核定企业的期间损益。

(3) 在企业按照不同需求层次组织多品种产品生产时，成本信息应有助于确定某些特殊用户订货产品的价格。

(4) 成本信息应有助于考核企业的业绩，衡量企业在各个制造环节的耗费，并进一步为降低产品成本提供依据。

3. 在实际操作中，作业成本计算流程有哪几个步骤?

答：(1) 定义和识别作业。

(2) 归集资源耗费形成的费用到相同性质的作业成本库。

(3) 选择合理、有效的成本动因作为计算成本分配率的基准。

(4) 计算作业成本库的分配率。基本原理是：将该作业成本库归集的费用除以该作业的数量，即可计算作业分配率（即单位作业成本）。

(5) 把作业库归集的费用按每一成本计算对象（如产品）使用作业的数量分配到成本计算对象（如产品、责任中心）上去，形成成本计算对象（如产品、责任中心）的成本。如果成本计算对象是产品，此时

$$产品成本=\sum(作业\times 该种作业的数量\times 该种作业的单位成本)$$

4. 成本动因应该如何选择?

答：成本动因的选择标准是：

(1) 成本动因与资源消耗及（或）支持业务之间必须具有合理的因果关系。

(2) 有关成本动因的数据必须是可获得的。

5. 什么是联系? 联系是如何影响成本的?

答：所谓联系是指各种价值活动之间彼此的相互关联关系，这种关联关系可分为两类：

(1) 企业内部联系。企业内部各种价值活动之间的联系遍布整条价值链。例如，采购、生产、销售之间的联系，生产作业和内部后勤之间的联系，广告宣传和直接上门推销之间的联系，品质控制与售后服务之间的联系。针对相互联系的活动，企业可以采取协调和最优化两种策略来提高效率或降低成本。所谓协调是指通过改善企业内部各车间、各部门之间的关系，使各项活动配合融洽，信息沟通充分，从而整体作业效率最高。例如，改善生产和采购协调可以降低库存和库存成本。最优化则是通过工作流程的重整和工作品质的提高，提高工作效率，进

而降低成本。

（2）企业与供应商（上游）、客户（下游）间的垂直联系。垂直联系反映的是企业活动与供应商、销售渠道之间的相互依存关系，这些联系会影响企业的成本结构和成本水平。

6. 确立资源动因的原则是什么？

答：（1）某一项资源耗费能直观地确定为某一特定产品所消耗，则直接计入该特定产品成本中，此时资源动因也是作业动因，材料费用的分配往往适用于该原则。（2）如果某项资源耗费可以从发生领域划为各作业所耗费，则可以直接计入各作业成本库，此时资源动因可以认为是“作业专属耗费”；各作业各自发生的办公费、各作业按实付工资额核定应负担工资费时适用这一原则。（3）如果某项资源耗费从最初消耗时呈混合耗费形态，则需要选择合适的量化依据将资源分解并分配到各作业，这个量化依据就是资源动因，如动力费一般按各作业实际使用的千瓦时数分配等。

六、计算题

1. 答：

（1）直接材料费用的分配。由于材料直接耗用于101A型机床，因此直接计入产品成本。

（2）将各作业中汇集的费用按分配率分配计入101A型机床的成本。

材料管理＝50×8＝400(元)

加工＝12×68＝816(元)

装配＝15×75＝1 125(元)

检验＝4×104＝416(元)

（3）101A型机床的单位成本为直接费用与间接费用之和。

101A型机床单位成本＝3 000＋400＋816＋1 125＋416

＝5 757(元)

2. 答：

（1）将本月资源耗费分别计入各资源户，即材料费8 000元、工资费10 000元、动力费500元、折旧费3 000元、办公费2 000元。

（2）将各资源户归集的价值按资源动因分配计入各作业户。

1）对于直接材料，按各产品定额耗费价值计入各产品成本户，材料费用超出定额的差异计入期间费用。

生产成本——产品A＝46×100＝4 600(元)

生产成本——产品B＝336×10＝3 360(元)

期间费用＝8 000－4 600－3 360＝40(元)

2）其他费用按资源动因分配，其中工资费按各作业人员编制数分配，动力费按各作业耗电度数分配，折旧费、办公费为专属费用。其分配计算表如表9－6所示。

表9－6 资源耗费分配计算表 金额单位：元

资源项目	金额	分配率	订单	计划	采购	加工	装配	搬运	厂部	合计
工资费	10 000	500元/人	500	500	1 000	2 500	3 500	500	1 500	10 000
动力费	500	0.5元/度	10	30	10	250	100	50	50	500
折旧费	3 000	专属	200	200	300	1 000	500	500	300	3 000
办公费	2 000	专属	200	200	300	200	200	100	800	2 000
合计	15 500		910	930	1 610	3 950	4 300	1 150	2 650	15 500

(3）将各作业汇集费用分配计入各批别产品的成本户。

1）订单作业。

每份订单成本＝910/10＝91(元/份)

生产成本——产品A＝91×1＝91(元)

生产成本——产品B＝91×1＝91(元)

生产成本——其他＝91×8＝728(元)

2）计划作业。

每次计划成本＝930/4＝232.5(元/次)

生产成本——产品A＝232.5×1＝232.5(元)

生产成本——产品B＝232.5×1＝232.5(元)

生产成本——其他＝232.5×2＝465(元)

3）采购作业。

每次采购成本＝1 610/10＝161(元/次)

生产成本——产品A＝161×9＝1 449(元)

生产成本——产品B＝161×1＝161(元)

4）加工作业。加工作业月生产能力为800小时，本月加工产品实际耗用750小时，剩余50小时是未使用资源耗用工时，应计入期间费用。

分配率＝3 950/800＝4.937 5(元/工时)

生产成本——产品A＝250×4.937 5＝1 234.38(元)

生产成本——产品B＝500×4.937 5＝2 468.75(元)

期间费用＝3 950－1 234.38－2 468.75＝246.87(元)

5）搬运作业。

每次搬运成本＝1 150/25＝46(元/次)
生产成本——产品 A＝20×46＝920(元)
生产成本——产品 B＝5×46＝230(元)

6）装配作业。装配作业月生产能力为1 000小时，本月装配产品实际耗用900小时，剩余100小时是未使用资源耗用工时，应计入期间费用。

分配率＝4 300/1 000＝4.3(元/工时)
生产成本——产品 A＝400×4.3＝1 720(元)
生产成本——产品 B＝500×4.3＝2 150(元)
期间费用＝4 300－1 720－2 150＝430(元)

7）厂部作业。厂部作业是一项价值管理作业，应按照厂部可控费用比例在各批产品和期间费用之间进行分配。除直接材料定额费用之外，其他费用均可以认为是可控费用。

产品 A 可控成本＝91＋232.5＋1 449＋1 234.38＋920＋1 720
＝5 646.88(元)
产品 B 可控成本＝91＋232.5＋161＋2 468.75＋230＋2 150
＝5 333.25(元)
其他批别产品可控成本＝728＋465＝1 193(元)
期间费用＝40＋246.87＋430＝716.87(元)
分配率＝2 650÷(5 646.88＋5 333.25＋1 193＋716.87)＝0.205 6
生产成本——产品 A＝5 646.88×0.205 6＝1 161(元)
生产成本——产品 B＝5 333.25×0.205 6＝1 096.52(元)
生产成本——其他＝1 193×0.205 6＝245.28(元)
期间费用＝2 650－1 161－1 096.52－245.28＝147.2(元)

(4) 列示成本计算单（见表9-7）。

表9-7 成本计算单 单位：元

项目	材料	订单	计划	采购	加工	搬运	装配	厂部	合计
产品 A	4 600	91	232.5	1 449	1 234.38	920	1 720	1 161	11 407.88
产品 B	3 360	91	232.5	161	2 468.75	230	2 150	1 096.52	9 789.77
其他		728	465					245.28	1 438.28
期间费用	40				246.87		430	147.2	864.07
合计	8 000	910	930	1 610	3 950	1 150	4 300	2 650	23 500

(5) 由于产品 A、产品 B 全部完工，因此成本计算单中列示的即为完工产品

总成本。

产品 A 总成本＝11 407.88(元)

产品 A 单位成本＝11 407.88/100＝114.08(元)

产品 B 总成本＝9 789.77(元)

产品 B 单位成本＝9 789.77/10＝978.98(元)

教材习题解析

一、思考题

1. 为什么说传统的成本计算方法丧失了决策的相关性?

答：传统的成本计算方法丧失决策相关性主要表现在以下几个方面：

(1) 传统成本计算法在将间接费用计入最终产品或劳务方面采用单一的标准，并假定间接费用的支出有助于生产，这种情况在现代制造业中已发生改变。

(2) 传统成本计算法将间接费用按直接人工工时或机器工时分配给最终产品或劳务，必然会导致生产数量多的产品要负担较多的间接费用，而生产数量少、批量小的产品则负担较少的间接费用。显然，这种分配方式在假定间接费用随产量变动而变动这个前提下是合适的，但在现代制造业中，产量只是引起间接费用发生的一个原因而不是唯一原因，甚至不再是主要原因。

(3) 传统成本计算法虽然也有科学的责任会计系统和标准成本计算方法等与之相适应，但这些方法在成本性态上缺乏必然的联系，传统成本计算法无法实现这些方法的融合。

2. 什么是作业? 作业有什么特点?

答：从作业成本计算角度看，作业是基于一定目的、以人为主体、消耗一定资源的特定范围内的工作。

(1) 作业是以人为主体的。掌握并且操纵各种机器设备的人仍然是现代制造业中各项具体生产工作的主体，也就是作业的主体。

(2) 作业消耗一定的资源。作业以人为主体，至少要消耗一定的人力资源；作业是人力作用于物的工作，因而也要消耗一定的物质资源。

(3) 区分不同作业的标志是作业目的。在一个完备的制造企业中，其现代化程度越高，生产程序的设计和人员分工越合理，企业经营过程的可区分性也就越强。因此，可以把企业制造过程按照每一部分工作的特定目的区分为若干作业，每个作业负责该作业职权范围内的每一项工作，这些作业互补并且互斥，构成了完整的经营过程。

(4) 对于一个生产程序不尽合理的企业，作业可以区分为增值作业和不增值作业。不增值作业虽然也消耗资源，但并不是合理消耗，对于制造产品的目的本身并不直接做出贡献。

(5) 作业的范围可以被限定。由于作业区分的依据是作业动因，而作业动因对于特定企业是客观的，因而，作业范围是能够得到本质上的限定的。

总之，作业的确立，就是将人和过程相结合的思考结果。

3. 按照对价值的贡献，作业应该如何分类？

答：分为增值作业和不增值作业，其中，增值作业是指能给顾客带来附加价值因而能给企业带来利润的作业，而不增值作业是指不能给顾客带来附加价值的作业。增值作业和不增值作业划分的立足点是从用户角度看作业的效果，即是否能达成“用户满意”以及在多大程度上达到“用户满意”。从用户的角度来分析作业实际上就是“用户满意”的思想在作业成本管理模式中的体现，是作业成本管理的重点。按作业的增值效率进一步把作业分为低增值作业和高增值作业是作业成本管理的延伸，相对来说，低增值作业具有改善的必要性和急迫性，高增值作业在短期内不必急于改善。

4. 什么是成本动因？成本动因的确定需要注意哪些问题？

答：成本动因是指导致成本变动的原因。应强调的是，成本动因必须按两个标准选择：(1) 成本动因与资源消耗及（或）支持业务之间必须具有合理的因果关系。(2) 有关成本动因的数据必须是可获得的。

5. 什么是资源动因？资源动因在作业成本计算法中有什么作用？

答：作业量的多少决定着资源的耗用量，人们把这种资源量与作业量的关系描述为资源动因。所谓资源动因，通俗地讲，是指资源被各作业消耗的方式和原因。资源动因反映了作业对资源的消耗状况，因而是把资源户价值分解到各作业户的依据。

资源进入企业并非都被消耗，即使被消耗也不一定都是对形成最终产出有意义的消耗。因此，作业成本计算法把资源作为成本计算对象，是要在价值形成的最初形态上反映被最终产品吸纳的有意义的资源耗费价值。也就是说，在这个环节，成本计算要处理两个方面的问题：一是区分有用消耗和无用消耗；二是区别消耗资源的作业状况，看资源是如何被消耗的，找到资源动因，按资源动因把资源耗费价值分解计入吸纳这些资源的不同作业中。

6. 作业成本计算法是如何将成本计算与成本管理相结合的？

答：由于作业成本计算法按照“产品消耗作业，作业消耗资源，资源形成成本”的思路把资源耗费的价值予以分解并分配给作业，再将各作业汇集的价值分配给最终产品或劳务，从而形成产品或劳务的成本。因此，在作业成本计算法的成本计算对象多层次、多元化时（大体上可以分为资源、作业、作业中心和制造中心这几个层次），计算和管理的多层次、多元化、过程化、适应性得到了极大的提高，从而导致生产组织中作业的可分辨性极大增强，寓成本计算于成本管理之中，企业成本控制的观念和控制手段也提到了新的高度。

二、练习题

1. 答：

（1）直接材料费用的分配。由于材料直接耗用于X110型打印机，因此直接计入产品成本。

（2）将各作业中汇集的费用按分配率分配计入X110型打印机的成本。

材料管理＝50×10＝500(元)

机械制造＝10×65＝650(元)

组装＝16×80＝1 280(元)

检验＝5×105＝525(元)

（3）X110型打印机的单位成本为直接费用与间接费用之和。

X110型打印机单位成本＝2 500＋500＋650＋1 280＋525＝5 455(元)

X110型打印机总成本＝5 455×50＝272 750(元)

2. 答：

（1）将本月资源耗费分别计入各资源户，即材料费12 500元，工资费12 000元，动力费500元，折旧费4 000元，办公费3 000元。

将各资源户归集的价值按资源动因分配计入各作业户。

1）对于直接材料，按各产品定额耗费价值计入各产品成本户，材料费用超出定额的差异计入期间费用。

生产成本——产品A＝120×50＝6 000(元)

生产成本——产品B＝20×300＝6 000(元)

期间费用＝12 500－6 000－6 000＝500(元)

2）其他费用按资源动因分配，其中工资费按各作业人员编制数分配，动力费按各作业耗电度数分配，折旧费、办公费为专属费用。其分配计算表如表9-8所示。

表9-8　资源耗费分配计算表　　金额单位：元

资源项目	金额	分配率	订单	计划	采购	加工	装配	搬运	厂部	合计
工资费	12 000	300元/人	600	600	1 200	3 600	3 600	600	1 800	12 000
动力费	500	0.5元/度	10	25	15	200	100	100	50	500
折旧费	4 000	专属	200	300	500	900	900	600	600	4 000
办公费	3 000	专属	200	300	400	500	400	200	1 000	3 000
合计	19 500		1 010	1 225	2 115	5 200	5 000	1 500	3 450	19 500

(2) 将各作业汇集费用分配计入各批别产品的成本户。

1）订单作业。

每份订单成本＝1 010/10＝101(元/份)

生产成本——产品 A＝101×1＝101(元)

生产成本——产品 B＝101×1＝101(元)

生产成本——其他＝101×8＝808(元)

2）计划作业。

每次计划成本＝1 225/5＝245(元/次)

生产成本——产品 A＝245×1＝245(元)

生产成本——产品 B＝245×1＝245(元)

生产成本——其他＝245×3＝735(元)

3）采购作业。

每次采购成本＝2 115/20＝105.75(元/次)

生产成本——产品 A＝105.75×16＝1 692(元)

生产成本——产品 B＝105.75×4＝423(元)

4）加工作业。加工作业月生产能力为 1 000 小时，本月加工产品实际耗用 900 小时，剩余 100 小时是未使用资源耗用工时，应计入期间费用。

分配率＝5 200/1 000＝5.2(元/工时)

生产成本——产品 A＝5.2×300＝1 560(元)

生产成本——产品 B＝5.2×600＝3 120(元)

期间费用＝5 200－1 560－3 120＝520(元)

5）装配作业。装配作业月生产能力为 1 200 小时，本月装配产品实际耗用 1 160 小时，剩余 40 小时是未使用资源耗用工时，应计入期间费用。

分配率＝5 000/1 200＝4.166 7(元/工时)

生产成本——产品 A＝4.166 7×360＝1 500.01(元)

生产成本——产品 B＝4.166 7×800＝3 333.36(元)

期间费用＝5 000－1 500.01－3 333.36＝166.63(元)

6）搬运作业。

每次搬运成本＝1 500/20＝75(元/次)

生产成本——产品 A＝75×10＝750(元)

生产成本——产品 B＝75×10＝750(元)

7）厂部作业。厂部作业是一项价值管理作业，应按照厂部可控费用比例在各批产品和期间费用之间进行分配。除直接材料定额费用之外，其他费用均可认为是可控费用。

产品A可控成本＝101＋245＋1 692＋1 560＋1 500.01＋750
＝5 848.01(元)

产品B可控成本＝101＋245＋423＋3 120＋3 333.36＋750
＝7 972.36(元)

其他批别产品可控成本＝808＋735＝1 543(元)

期间费用＝500＋520＋166.63＝1 186.63(元)

分配率＝3 450÷(5 848.01＋7 972.36＋1 543＋1 186.63)＝0.208 5

生产成本——产品A＝0.208 5×5 848.01＝1 219.31(元)

生产成本——产品B＝0.208 5×7 972.36＝1 662.24(元)

生产成本——其他＝0.208 5×1 543＝321.71(元)

期间费用＝0.208 5×1 186.63＝247.41(元)

（3）列示成本计算单（见表9－9）。

表9－9 成本计算单 单位：元

项目	材料	订单	计划	采购	加工	装配	搬运	厂部	合计
产品A	6 000	101	245	1 692	1 560	1 500.01	750	1 219.31	13 067.32
产品B	6 000	101	245	423	3 120	3 333.36	750	1 662.24	15 634.6
其他		808	735					321.71	1 864.71
期间费用	500				520	166.63		247.41	1 434.04
合计	12 500	1 010	1 225	2 115	5 200	5 000	1 500	3 450	32 000

（4）由于产品A、产品B全部完工，因此成本计算单中列示的即为完工产品总成本。

产品A总成本＝13 067.32(元)

产品A单位成本＝13 067.32/120＝108.89(元)

产品B总成本＝15 634.6(元)

产品B单位成本＝15 634.6/20＝781.73(元)

3. 答：

（1）计算每类客户的单位订单成本。

每份订单的成本＝4 500 000/100 000＝45(美元)

第一类客户的单位订单成本＝45/600＝0.075(美元)

第二类客户的单位订单成本＝45/1 000＝0.045(美元)

第三类客户的单位订单成本＝45/1 500＝0.03(美元)

(2) 订单处理成本降低了 2 450 000 美元（(45－20)×100 000－50 000)。

原因：客户作业成本高可能是由于客户订单变化频繁、非标准化的供货要求或是对技术和销售人员的大量需求造成的。企业掌握了这些具体的信息后，就可以向客户说明这些要求所引起的成本，并促使客户与企业合作，采用一种花费较低的方式，以达到双赢的目的。通过作业成本法对客户成本的分析，管理者能更清晰地了解服务于各个客户需要进行哪些作业以及这些作业所消耗的资源，这样就为管理者降低成本、提高内部效率、增加利润提供了帮助。

第 10 章

Chapter 10 预算管理

学习目标

通过本章的学习，帮助学生理解预算管理的基本概念、主要作用，预算管理体系以及预算管理的最优实践——全面预算管理的主要特点。本章重点介绍主要的预算类型及其编制方法，帮助学生掌握主要预算类型的编制原理，并从中理解预算管理的特点及其作用。

学习指导

1. 学习重点

（1）了解预算的概念及预算管理的基本原理，理解预算管理与企业内部管理之间的内在联系。

（2）准确理解和掌握预算管理的体系和结构，从而完整、科学地理解预算管理的本质。

（3）注意把握经营预算、财务预算和资本支出预算之间的勾稽关系。

（4）熟练掌握各种预算编制方法，准确理解各种预算编制方法的实质和适用性，并能针对不同的企业环境和管理要求，有效实施预算管理。

2. 学习难点

（1）由于预算是以预测为基础进行的，因此要在充分理解经营预测的基础上，有效地把各章节的内容和方法融会贯通地运用于预算管理相关内容的学习和实践中。

（2）真正理解企业环境和管理要求对预算管理的影响，才可能准确理解预算管理的实质，充分发挥预算管理的作用。

练习题

一、名词解释

1. 固定预算
2. 弹性预算
3. 零基预算
4. 滚动预算
5. 制造费用预算
6. 现金预算
7. 预计资产负债表

二、判断题（正确的划√，错误的划×）

1. 预计生产量＝预计销售量＋预计期末产成品存货量－预计期初产成品存货量。（　）

2. 企业生产经营预算通常是在生产预测的基础上进行预算的。（　）

3. 直接人工预算是以销售预算为基础编制的。（　）

4. 预计财务报表与实际财务报表的作用和格式都是类似的。（　）

5. 销售预算、生产预算等其他预算的编制，要以现金预算的编制为基础。（　）

6. 预计的财务报表也叫作总预算。（　）

7. 在编制制造费用预算时，需要将固定资产折旧从固定制造费用中扣除。（　）

8. 零基预算是根据企业上期的实际经营情况，考虑本期可能发生的变化编制出的预算。（　）

9. 日常业务预算中的所有预算都能够同时反映经营业务和现金收支活动。（　）

10. 生产预算是以实物量作为计量单位的预算。（　）

11. 弹性预算只是一种编制费用预算的方法。（　）

12. 预计财务报表的编制程序是先编制预计资产负债表，再编制预计利润表。（　）

13. 零基预算的编制基础与其他预算方法一致。（　）

14. 概率预算反映了各预定指标在企业实际经营过程中可能发生的变化。（　）

三、单项选择题

1. 生产预算的主要内容有生产量、期初和期末产品存货及（　）。

A. 资金量　　B. 工时量

C. 购货量　　D. 销货量

2. 直接人工预算额＝（　）×单位产品直接人工工时×小时工资率。

A. 预计生产量　　B. 预计工时量
C. 预计材料消耗量　　D. 预计销售量

3. (　　) 是其他预算的起点。

A. 生产预算　　B. 销售预算
C. 现金预算　　D. 财务预算

4. 预计期初存货 50 件，期末存货 40 件，本期销售 250 件，则本期生产量为 (　　) 件。

A. 250　　B. 240　　C. 260　　D. 230

5. 下列预算中，不涉及现金收支内容的项目为 (　　)。

A. 销售预算　　B. 生产预算
C. 制造费用预算　　D. 产品成本预算

6. 企业的全面预算体系的终结为 (　　)。

A. 现金预算　　B. 销售预算
C. 预计财务报表　　D. 资本支出预算

7. 变动制造费用预算的编制基础为 (　　)。

A. 生产预算　　B. 销售预算
C. 材料预算　　D. 产品成本预算

8. 不属于业务预算内容的是 (　　)。

A. 生产预算　　B. 制造费用预算
C. 现金预算　　D. 销售预算

四、多项选择题

1. 销售预算的主要内容有 (　　)。

A. 销售收入　　B. 销售费用
C. 销售数量　　D. 销售单价
E. 销售时间

2. 通常完整的全面预算应包括 (　　) 三部分。

A. 经营预算　　B. 财务预算
C. 销售预算　　D. 资本支出预算
E. 成本预算

3. 财务预算包括 (　　)。

A. 现金预算表　　B. 资本支出预算
C. 预计利润表　　D. 预计资产负债表
E. 资本收入预算

4. 现金预算是各有关现金收支预算的汇总，通常包括 (　　) 四个组成部分。

A. 现金收入　　B. 现金支出
C. 现金节余或不足　　D. 资金的筹集与应用
E. 资金的分配

5. 常用的预算编制方法包括（　　）。
A. 固定预算　　B. 零基预算
C. 全面预算　　D. 滚动预算
E. 弹性预算

6. 影响预计生产量的因素有（　　）。
A. 预计销售量　　B. 预计期末存货
C. 预计期初存货　　D. 预计采购量
E. 预计费用

7. 全面预算中，经营预算包括（　　）。
A. 现金预算　　B. 销售预算
C. 生产预算　　D. 成本预算
E. 资本支出预算

8. 预计财务报表的编制基础包括（　　）。
A. 销售预算　　B. 生产预算
C. 成本预算　　D. 销售及管理费用预算
E. 现金预算

五、简答题

1. 简述零基预算的主要优缺点。
2. 简述滚动预算的主要优缺点。
3. 经营预算包括哪些主要内容？为什么说销售预算是编制关键？
4. 为什么要编制弹性预算？

六、计算题

1. 某工厂期初存货250件，本期预计销售500件。

要求：

（1）如果预计期末存货300件，本期应生产多少件？

（2）如果预计期末存货260件，本期应生产多少件？

2. 假设A公司只生产一种产品，销售单价为200元，预算年度内四个季度的销售量经测算分别为250件、300件、400件和350件。根据以往经验，销货款在当季可收到60%，下一季度可收到其余的40%。预计预算年度第1季度可收回上一年第4季度的应收账款20 000元。

要求：计算本年各季度销售活动的现金收入。

3. 假定预算期生产量为50件，每件产品耗费人工25小时，每人工小时价格为 20 元。

要求：计算直接人工预算额。

练习题参考答案

一、名词解释

1. 固定预算，是一种最基本的全面预算编制方法，该方法所涉及的各项预定指标均为固定数据。

2. 弹性预算，是在变动成本法下，充分考虑预算期各预定指标（如销售量、售价及各种变动成本费用等）可能发生的变化，进而编制出的能适应各预定指标不同变化情况的预算。

3. 零基预算，主要用于各项费用的预算，其主要特点是各项费用的预算数完全不受以往费用水平的影响，而是以零为起点，根据预算期企业实际经营情况的需要，按照各项开支的重要程度来编制预算。

4. 滚动预算，也称连续预算，它的预算期一般也是 1 年，但是每执行完 1 个月后，就要将这个月的经营成果与预算数相对比，从中找出差异及原因，并据此对剩余 11 个月的预算进行调整，同时自动增加 1 个月的预算，使新的预算期仍保持为 1 年。

5. 制造费用预算，是除直接材料和直接人工以外的其他产品成本的预算。这些成本按照其与生产量的相关性，通常可分为变动制造费用和固定制造费用两类（即通常所说的成本性态分类）。

6. 现金预算，是各有关现金收支预算的汇总，通常包括现金收入、现金支出、现金节余或不足以及资金的筹集与应用四个组成部分。

7. 预计资产负债表，反映的是企业预算期末各账户的预计余额，管理层可以据此了解企业未来期间的财务状况，以便采取有效措施，防止企业不良财务状况的出现。

二、判断题

1. √	2. ×	3. ×	4. ×
5. ×	6. √	7. √	8. ×
9. ×	10. √	11. ×	12. ×
13. ×	14. √		

三、单项选择题

1. D	2. A	3. B	4. B
5. B	6. C	7. A	8. C

四、多项选择题

1. ACD	2. ABD	3. ACD	4. ABCD

5. ABDE　　6. ABC　　7. BCD　　8. ABCDE

五、简答题

1. 简述零基预算的主要优缺点。

答：零基预算不是以承认现实的基本合理性为出发点，而是以零为起点，从而避免了原来不合理的费用开支对预算期费用的影响，因而能够充分、合理、有效地配置资源，减少资金浪费，特别适用于那些较难分辨其产出的服务性部门。但是，零基预算的方案评级和资源分配具有较大的主观性，容易引起部门间的矛盾。

2. 简述滚动预算的主要优缺点。

答：滚动预算在执行过程中，可以随时对预算进行调整，从而避免由于预算期过长，导致预算脱离实际，无法指导实际工作的可能。滚动预算长期保持一年的预算期，使企业管理层对企业的未来有一个较为稳定的视野，有利于保证企业经营管理稳定有序地进行。但是，滚动预算的持续工作将耗费大量的人力、物力，代价较大。

3. 经营预算包括哪些主要内容？为什么说销售预算是编制关键？

答：经营预算的主要内容包括销售预算、生产预算和销售及管理费用预算等。其中，生产预算包括产量预算、直接材料预算、直接人工预算、制造费用预算及期末产成品存货预算。

在社会主义市场经济条件下，企业被推向市场，企业的生存不再取决于上级主管部门的意志，而是取决于市场对企业的接纳程度，取决于企业能否生产出适销对路、质量合格、满足市场需要的产品，市场决定着企业的生存和发展。对企业产品销售的预测，也可以说是对企业生存和发展的预测。

在以销定产的方式下，有关企业产品销售的预算对于其他预算（产品成本预算、利润预算以及资金需要量的预算等）起着决定性的作用。因为销售预算是其他预算的起点，并且销售收入是企业现金收入最主要的来源，因此，销售预算是制定企业经营决策最重要的依据。只有在完善销售预算的前提下，才能相互衔接地开展并完善其他各项经营预算。

4. 为什么要编制弹性预算？

答：在企业实际经营过程中，由于市场环境等因素的影响，预算期的各项指标，如销售量、售价及各种变动成本费用等都可能发生变化，弹性预算就是在变动成本法下，充分考虑到预算期各预定指标可能发生的变化，而编制出的能适应不同情况下各预定指标的预算，从而使得预算对企业在预算期的实际情况更加具有针对性。在实际工作中，企业可以根据实际业务情况选择执行相应的预算，并按此评价与考核各部门的预算执行情况。可见，弹性预算比固定预算更便于区分和落实责任。

六、计算题

1. 答：

(1) 本期生产量＝300＋500－250＝550(件)

(2) 本期生产量＝260＋500－250＝510(件)

2. 答：

第1季度现金收入＝20 000＋250×200×60%＝50 000(元)

第2季度现金收入＝250×200×40%＋300×200×60%＝56 000(元)

第3季度现金收入＝300×200×40%＋400×200×60%＝72 000(元)

第4季度现金收入＝400×200×40%＋350×200×60%＝74 000(元)

3. 答：

直接人工预算额＝50×25×20＝25 000(元)

教材习题解析

一、思考题

1. 持“超越预算”观点的人认为：“永远不变的是变化”，以至于“年度预算，编制一年”，预算编制“耗时耗力，得不偿失”。你对此有何感想？怎样才能解决环境变动下的预算管理有效性问题？

答：即使在变动的环境下，预算管理有效性依然可以得到保障：对固定项目（如固定资产折旧、无形资产摊销、管理人员的计时工资、固定办公费用等）可以编制固定预算；对变动项目（如商品的购买价格、构成产品实体的材料消耗、生产人员的计件工资等）可以编制弹性预算；对预算期没有预计到的项目（如临时订单、新产品投产、突如其来的投资机会等），可以编制补充预算；预算期内的项目如果发生了变动（如原订单取消、经营环境发生了重大变化等），可以编制变更预算。此外，还可以通过滚动预算来协调战略预算和年度经营预算。只要认真分析预算项目形成和变动的原因，了解预算管理的本质和各子预算的相互关系，就能解决环境变动下的预算管理有效性问题。

2. 哪些企业需要编制全面预算？小企业需要编制预算吗？

答：全面预算是企业的一项重大经营管理决策活动，也是一项工作量大、涉及面广、时间性强、操作复杂的系统工程，包括预算的编制、执行、分析、评价及控制等工作。预算管理以企业的发展战略目标和基本策略为原则，并以良好的组织架构、明确的职责分工和权限划分以及完善的流程为基础。因此，符合这些条件的企业都应该编制全面预算。为保证预算工作的有序进行和有效实施，在管理体制上，一般要求企业在内部设立专门的预算管理委员会负责预算的编制并监督预算的实施。

预算虽是一项管理工具，但是如果运用不当，也有可能给企业带来一些负面影响。如强化集中控制，僵化，费时费力，鼓励机会主义行为，等等。对于那些成长型的企业，以及规模较小、各部门间关系较为松散的企业，过分强调预算的控制作用就不恰当了。所以，企业在运用预算时不应过分夸大预算的功能，只有在充分了解自身需求的基础上，正确认识预算对本企业的作用，才能够建立起一套行之有效的预算系统，并在企业管理中发挥其最大功用。对于小企业而言，如果编制预算的利益大于其耗费，编制预算则是可行的。

3. 一个企业只能采用一种预算编制方法吗？为有效控制企业的经营活动和结果，企业能否结合使用各种预算编制方法？试结合不同类型企业进行思考。

答：企业编制预算时，往往结合使用各种编制方法。如对固定费用项目使用固定预算编制方法，可按合同约定或三年平均数列示；对变动费用项目使用弹性预算编制方法，可按变动原因计算后列示。而生产部门（成本中心）根据其生产分工和具体任务，以作业分析为基础，使用弹性预算或固定预算的编制方法，确定本部门的预算支出；职能部门（费用中心）根据其岗位职责和具体任务，以作业分析为基础，用零基预算的方法，确定本部门的预算支出。

4. 请你设计一个生产车间（成本中心）的预算框架，确定主体指标、辅助指标及其相互关系。

答：把生产车间设置为成本中心，以产品质量和生产效率作为提升其价值的主要指标，并辅以降低生产成本。其实现途径是：在确保产品质量的情况下，提高材料利用率、工时利用率、设备利用率，最终以提高劳动生产率的方式降低生产成本。

二、练习题

1. 答：

现金预算补全后如表10-1所示。

表10-1 现金预算 单位：元

项目	第1季度	第2季度	第3季度	第4季度	全年
期初现金余额	4 500	5 000	5 800	5 312.5	4 500
加：现金收入	10 500	15 000	20 000	21 000	66 500
可动用现金合计	15 000	20 000	25 800	26 312.5	71 000
减：现金支出	19 000	15 200	15 300	15 300	64 800
直接材料费用	3 000	4 000	4 000	4 000	15 000
直接人工费用	1 300	1 500	1 600	1 600	6 000
间接制造费用（付现）	1 200	1 200	1 200	1 200	4 800
销售和管理费用	1 000	1 000	1 000	1 000	4 000
购置设备	5 000	—	—	—	5 000

续表

项目	第 1 季度	第 2 季度	第 3 季度	第 4 季度	全年
支付所得税	7 500	7 500	7 500	7 500	30 000
现金节余或不足	－4 000	4 800	10 500	11 012.5	6 200
筹措资金					
向银行借款	9 000	1 000			10 000
归还借款			5 000	5 000	10 000
支付利息			187.5	237.5	425
期末现金余额	5 000	5 800	5 312.5	5 775	5 775

2. 答：

编制 3 月、4 月的现金预算，如表 10－2 所示。

表 10－2　现金预算　　单位：元

项目	3 月	4 月
期初现金余额	50 000	50 000
加：现金收入	120 000	190 000
减：现金支出	162 000	243 000
购原材料	140 000	140 000
工资	15 000	15 000
租金	5 000	5 000
其他费用	2 000	3 000
税金	—	80 000
现金节余或不足	8 000	－3 000
从银行借款	42 000	53 000
期末现金余额	50 000	50 000

3. 答：

(1) 编制预计利润表，如表 10－3 所示。

表 10－3　预计利润表　　单位：万元

销售收入	240
销售成本 (240×60%)	144
毛利 (240－144)	96
生产费用及其他	60
税前利润	36
所得税	9
净利润	27

（2）编制预计资产负债表，如表10-4所示。

表10-4　预计资产负债表　　单位：万元

货币资金	10	应付账款	6
应收账款	40	短期借款	2.5
存货	18	长期负债	22.5
固定资产	50	实收资本	20
		未分配利润	67
资产合计	118	负债及所有者权益合计	118

第 11 章 Chapter 11 业绩考核

学习目标

通过本章的学习，帮助同学们了解业绩考核作为管理会计的一项重要职能和工作，对投资者和管理者的管理都具有重要意义，从而在掌握业绩考核基本思路和方法的基础上，形成针对不同管理需要进行有效的业绩考核的能力。

学习指导

1. 学习重点

（1）掌握以企业为主体的业绩考核指标及其运用，并了解杜邦分析体系的作用。

（2）掌握以责任中心为主体的业绩考核的方法和运用，并有效运用指标评价成本中心、利润中心和投资中心的绩效，了解剩余收益与经济增加值（EVA）之间的逻辑发展关系。

（3）掌握 EVA 的概念、基本理念和基本模型体现的管理内涵，理解 EVA 调整的内容和意义，了解 EVA 与传统业绩考核指标相比的优点。

（4）了解平衡计分卡业绩考核的优点，掌握平衡计分卡的基本框架、内容和应用。

2. 学习难点

对企业业绩考核应有一个全面、有效的理解和掌握。

（1）如何分别从投资者和各级管理者的角度理解和把握业绩考核的内涵、方法和应用（分别表现为以企业为主体和以责任中心为主体的业绩考核）。

（2）如何从投资者和管理者相结合的角度理解和把握业绩考核的内涵、方法和应用（表现为基于EVA和企业战略的业绩考核）。

（3）基于EVA、企业战略的业绩考核体系和传统业绩考核体系相比有很大差异，要注重结合实际案例学习和理解这两种业绩考核体系，不仅要思考两者的结合问题，也要思考战略与战术的结合问题。

练习题

一、名词解释

1. 杜邦分析法
2. 责任会计
3. 成本中心
4. 自然利润中心
5. 人为利润中心
6. 投资中心
7. 内部结算价格
8. 投资报酬率
9. 剩余收益
10. 经济增加值
11. 平衡计分卡
12. 战略管理地图

二、判断题（正确的划√，错误的划×）

1. 企业越是下放经营管理权，越要加强内部控制。所以很多大型企业将各级、各部门按其权力和责任的大小划分为各种责任中心，实行分权管理。（　　）

2. 对企业来说，几乎所有的成本都可以视为可控成本，一般不存在不可控成本。（　　）

3. 一项对于较高层次的责任中心来说属于可控的成本，对于其下属的较低层次的责任中心来说，可能就是不可控成本；同样，较低层次责任中心的可控成本，则也有可能是其所属的较高层次责任中心的不可控成本。（　　）

4. 利润中心获得的利润中有该利润中心不可控因素的影响时，可以不进行调整。（　　）

5. 一般来说，只有独立核算的企业才能具备作为完全的利润中心的条件，企业内部的自然利润中心应属于不完全的自然利润中心。（　　）

6. 通常，利润中心被看成是一个可以用利润衡量其业绩的组织单位，因此，凡是可以计量出利润的单位都是利润中心。（　　）

7. 计划制造成本型内部结算价格的不足之处是没有与各个责任中心真正创造的利润联系起来，不能有效调动责任中心增加产量的积极性。（　　）

8. 企业内部转移价格无论怎样变动，企业的利润总额不变，变动的只是企业内部各责任中心的收入或利润的分配份额。（　　）

9. 以剩余收益指标评价投资中心的业绩时，可以使业绩考核与企业的目标协调一致，但该指标不利于不同部门之间的比较。（　　）

10. 剩余收益和投资报酬率可以起到互补作用，剩余收益弥补了投资报酬率的不足，可以在投资决策方面使投资中心利益与企业整体利益取得一致，并且也可以用于两个规模不同的投资中心进行横向比较。（　　）

11. EVA 指调整后的税后净营业利润扣除企业全部资本经济价值的机会成本后的余额，突出反映了股东价值的增量。（　　）

12. 不直接决定某项成本的人员，即使对该项成本的支出施加重要影响，也不应对该项成本承担责任。（　　）

三、单项选择题

1. 责任会计产生的直接原因是（　　）。

A. 行为科学的产生和发展　　B. 运筹学的产生和发展

C. 分权管理　　D. 跨国公司的产生

2. 若企业的生产部门、采购部门都是成本中心，由于材料质量不合格造成的生产车间超过消耗定额成本差异部分应由（　　）负担。

A. 生产车间　　B. 采购部门

C. 生产车间与采购部门共同　　D. 企业总部

3.（　　）把企业的使命和战略转变为目标和各种指标，它并不是对传统战略和评估方法的否定，而是对其的进一步发展和改进。

A. 剩余收益　　B. EVA

C. 业绩金字塔　　D. 平衡计分卡

4. 利润中心不具有（　　）。

A. 价格制定权　　B. 投资决策权

C. 生产决策权　　D. 销售决策权

5. 成本中心的责任成本是指（　　）。

A. 产品成本　　B. 生产成本

C. 可控成本　　D. 不可控成本

6. 杜邦财务分析体系是以（　　）为中心指标，经层层分解所形成的指标评价体系。

A. 权益报酬率　　B. 销售净利率

C. 资产周转率　　D. 权益乘数

7. 下列有关权益乘数的计算公式错误的是（　　）。

A. 权益乘数＝所有者权益/资产

B. 权益乘数＝1/(1－资产负债率)

C. 权益乘数＝资产/所有者权益

D. 权益乘数＝1＋产权比率

8. 杜邦财务分析体系是利用财务比率之间的关系来综合分析评价企业的财务状况，在所有比率中最综合、最具有代表性的财务比率是（　　）。

A. 资产报酬率　　B. 权益报酬率

C. 权益乘数　　D. 资产周转率

9. 不直接影响企业的权益报酬率的指标是（　）。

A. 权益乘数　　B. 销售净利率

C. 总资产周转率　　D. 股利支付比率

10. 某企业2×17年度相关财务指标如下：资产负债率为50%，销售净利率为8%，总资产周转次数为4次，则权益报酬率为（　）。

A. 56%　　B. 72%　　C. 64%　　D. 48%

四、多项选择题

1. 对于利润中心来说，责任利润的一般表现形式有（　）

A. 净利润　　B. 毛利

C. 部门贡献毛益　　D. 营业利润

E. 息税折旧摊销前利润

2. 完全的自然利润中心应具有（　）。

A. 产品销售权　　B. 产品定价权

C. 材料采购权　　D. 生产决策权

E. 人事任免权

3. A公司生产车间发生的折旧费用对于（　）来说是可控成本。

A. 公司厂部　　B. 生产车间

C. 生产车间下属班组　　D. 辅助生产车间

E. 设备管理部门

4. 下列有关成本责任中心的说法中，正确的是（　）。

A. 成本责任中心不对生产能力的利用程度负责

B. 成本责任中心不进行设备购置决策

C. 成本责任中心不对固定成本负责

D. 成本责任中心应严格执行产量计划，不应超产或减产

E. 成本责任中心只对变动成本负责

5. 下列说法中正确的有（　）。

A. 下级成本中心的可控成本必然为上级成本中心可控

B. 利润中心的可控成本必然为投资中心可控

C. 某项成本是否为某一责任中心可控，不仅取决于该责任中心的业务内容，而且取决于该责任中心所管辖的业务内容的范围

D. 凡是直接成本均为可控成本

E. 凡是间接成本均为不可控成本

6. 由于不同类型、不同层次的利润中心可控范围不同，因而用于考核与评

价利润中心的指标有（　　）。

A. 投资报酬率　　B. 毛利

C. 剩余收益　　D. 部门贡献毛益

E. 营业利润

7. EVA 与传统财务指标的最大不同，就是充分考虑了投入资本的机会成本，使得 EVA 具有（　　）的突出特点。

A. 度量的是资本利润　　B. 度量的是企业的利润

C. 度量的是资本的社会利润　　D. 度量的是资本的超额收益

E. 度量的是利润总额

8. 平衡计分卡通过（　　）指标体系设计来阐明和沟通企业战略，促使个人、部门和组织的行动方案达成一致和协调，以实现企业价值最大化和长期发展的目标。

A. 客户维度　　B. 内部运营维度

C. 学习与成长维度　　D. 企业使命维度

E. 财务维度

9. 下列各项中，可能直接影响企业权益报酬率指标的措施有（　　）。

A. 提高销售净利率　　B. 提高资产负债率

C. 提高资产周转率　　D. 提高流动比率

E. 提高速动比率

10. 从杜邦等式可知，提高资产报酬率的途径有（　　）。

A. 加强负债管理，提高负债比率

B. 加强资产管理，提高资产周转率

C. 加强销售管理，提高销售净利率

D. 增强资产流动性，提高流动比率

E. 加强现金流量管理，缩短现金周转期

五、简答题

1. 试简述以企业为主体的业绩考核指标体系。

2. 试简述以责任中心为主体的业绩考核指标体系。

3. 试简述平衡计分卡的基本框架和应用步骤。

六、计算题

1 某投资中心 20×4 年的资产总额为 10 000 万元，部门贡献毛益为 2 500 万元。现在有一个投资报酬率为 15%的机会，投资额为 5 000 万元，每年部门贡献毛益为 700 万元，资本成本率为 10%。

要求：

（1）计算该投资中心目前的投资报酬率。

（2）是否接受新的投资项目？分别计算投资报酬率和剩余收益来说明。

2. 请对下列问题进行决策：

（1）A企业开发具有市场竞争优势的甲项目，资本投入为1 000万元，资产收益率为15%，资本成本率为10%。问：甲项目是否应该投资？

（2）再假设甲项目的竞争优势期为5年。在这5年中，竞争对手的群起仿效，将使该项目逐渐失去竞争优势，资产收益率逐年递减，直至5年后回归到10%的水平（见表11-1）。

表11-1 数据表

年度	RONA－WACC	EVA
1	5%	50
2	4%	40
3	3%	30
4	2%	20
5	1%	10
6	0	0

假设本例中贴现率 r 为10%。问：甲项目EVA现值是多少？是否应该投资？

（3）A企业下设两个部门，其中，部门1从700万元乙项目投资中得到18%的回报率，部门2从300万元丙项目投资中得到8%的回报率，则第一年总资产收益率为：18%×700/(700＋30)＋8%×300/(700＋300)＝15%。

如果两部门的未来收益率每年下降1%，这与（2）中收益率一致（见表11-1），A企业资本总额依然是1 000万元。问：是否应从部门1或部门2撤回投资？

（4）如果从部门2撤回投资，各年情况如表11-2所示，根据EVA现值计算的结果，将如何决策呢？

表11-2 数据表

年度	RONA－WACC	EVA
1	8%	56
2	6.4%	44.8
3	4.8%	33.6
4	3.2%	22.4
5	1.6%	11.2
6	0	0

练习题参考答案

一、名词解释

1. 杜邦分析法，是利用几种主要的财务比率之间的关系来综合分析企业财务状况的一种方法。它主要评价公司盈利能力和股东权益回报水平，是从财务角度评价企业绩效的一种经典方法，其基本思想是将企业权益报酬率逐级分解为多项财务比率的乘积，从而有助于深入分析和比较企业经营业绩。

2. 责任会计，是指以企业内部的各个责任中心为会计主体、以责任中心可控的资金运动为对象、对责任中心进行控制和考核的一种会计制度。责任会计是伴随着会计核算和会计管理向企业内部纵深发展而产生的一种服务于企业内部管理的会计制度，这种制度要求将企业内部按照可控责任划分为各个责任中心，然后为每个责任中心编制责任预算并按责任中心组织核算工作，最后通过预算与实际执行结果的比较分析来考核各个责任中心的业绩，并兑现奖惩。

3. 成本中心，是指只发生成本（费用）而不取得收入的责任中心。任何只发生成本的责任领域都可以确定为成本中心。对这类责任中心只是考核成本，而不考核其他内容。

4. 自然利润中心，是指既要发生成本，又能对外销售产品，取得实际销售收入的责任中心。

5. 人为利润中心，是指既要发生成本，又能取得内部销售收入的责任中心。它的产品并不直接对外销售，而是以包含利润的内部结算价格提供给企业内部的其他单位。

6. 投资中心，是指既要发生成本又能取得收入、获得利润，还有权进行投资的责任中心。该责任中心不仅要对责任成本、责任利润负责，还要对投资的收益负责。投资中心应拥有较大的生产经营决策权，实际上相当于一个独立核算的企业，如总公司下属的独立核算的分公司或分厂。

7. 内部结算价格，是指在责任会计体系中，企业内部的每一个责任中心都是作为相对独立的商品生产经营者存在的，为了分清经济责任，各责任中心之间的经济往来应当按照等价交换的原则实行“商品交换”。各责任中心之间相互提供产品（或劳务）时，要按照一定的价格，采用一定的结算方式进行计价结算。这种计价结算并不真正动用企业货币资金，而是一种观念上的货币结算，是一种资金限额指标的结算。计价结算过程中使用的价格，称为内部结算价格。

8. 投资报酬率，是投资中心一定时期的营业利润和该期间的投资占用额之比。该指标反映了通过投资而返回的价值，是企业从一项投资性商业活动中得到的经济回报。该指标是全面评价投资中心的各项经营活动、考评投资中心业绩的综合性质量指标，它既能揭示投资中心的销售利润水平，又能反映资产的使用效果。

9. 剩余收益，是指投资中心获得的利润，扣减其投资额（或净资产占用额）按规定（或预期）的最低收益率计算的投资收益后的余额，是一个部门的营业利润超过其预期最低收益的部分。

10. 经济增加值，是指调整后的税后净营业利润（NOPAT）扣除企业全部资本经济价值的机会成本后的余额，公式为 $EVA = NOPAT - C \times WACC = (RONA - WACC) \times C$，其中，$C$ 为全部资本的经济价值（包括权益资本和债权资本）；$RONA$ 为资产收益率；$WACC$ 为企业加权平均资本成本。可见，企业可以通过增加税后净营业利润、减少资本占用或降低加权平均资本成本率来提高EVA。它提供了一种可靠的尺度来反映管理行为是否增加了股东财富，以及增加股东财富的数量。

11. 平衡计分卡，是把企业的使命和战略转变为目标和各项指标，并不是对传统战略和评估方法的否定，而是对其进一步发展和改进。在保留财务层面的基础上，又加上了客户、内部运营、学习与成长三个维度。平衡计分卡通过四大指标体系设计来阐明和沟通企业战略，促使个人、部门和组织的行动方案达成一致和协调，以实现企业价值最大化和长期发展的目标。

12. 战略管理地图，平衡计分卡既是一种战略管理工具，同时也是一种战略管理思想。将平衡计分卡和企业的战略融合在一起，就形成了战略管理地图。它可以帮助企业用连贯、系统和整体的方式来看待企业的战略。通过战略管理地图，有助于企业更加精确地定位客户的价值取向，增进内部运营活动能力，增强学习与成长能力，并最终达到企业股东价值最大化的目标。

二、判断题

1. √	2. √	3. ×	4. ×
5. √	6. ×	7. √	8. √
9. √	10. ×	11. √	12. ×

三、单项选择题

1. C	2. B	3. D	4. B
5. C	6. A	7. A	8. B
9. D	10. C		

四、多项选择题

1. BCD	2. ABCD	3. AB	4. BD
5. ACD	6. BDE	7. ACD	8. ABCE
9. ABC	10. BC		

五、简答题

1. 试简述以企业为主体的业绩考核指标体系。

答：以企业为主体的业绩考核最初以考核利润为目标，后来以考核权益报酬率为目标，往往追求企业利润最大化或股东财富最大化。这种评价指标体系主要运用于企业所有者对企业最高管理层进行的业绩考核，此外也可以用于企业上级管理层对下级管理层的业绩考核。

（1）基于利润的业绩考核指标。由于利润是企业一定期间内经营收入和经营成本、费用的差额，反映了当期经营活动中的投入与产出的对比结果，在一定程度上体现了企业经济效益的高低，因而，追求利润最大化往往可以给企业利益相关者带来好处。

基于利润的业绩考核指标往往根据考核的需要而定，主要包括销售利润率、成本费用利润率、投资报酬率、权益报酬率和资产报酬率等，而针对上市公司则经常采用每股收益、每股股利等指标。

（2）基于权益报酬率的杜邦分析体系。杜邦分析法是利用几种主要的财务比率指标之间的关系来综合分析企业财务状况的一种方法，它克服了传统评价指标只能从某一特定角度对企业财务状况和经营成果进行分析的局限性，其基本思想是将企业权益报酬率逐级分解为多项财务比率指标的乘积，从而有助于深入分析和比较企业的经营业绩。

2. 试简述以责任中心为主体的业绩考核指标体系。

答：（1）成本中心。因为成本中心只负责控制和报告成本，所以成本中心业绩评价的主要指标是生产效率、标准成本与成本差异的报告等。责任成本差异是指责任成本实际数与责任成本预算数之间的差额，反映了责任成本预算的执行结果。责任成本考核是对责任成本预算指标完成情况所进行的考察、审核，以及对责任成本中心的工作绩效所进行的评价。为此，成本中心业绩考评的主要指标是责任成本及其增减额、升降率，以及与其他作业相关的非财务指标等。

（2）利润中心。对利润中心工作进行考核的重要指标是其可控利润，即责任利润。如果利润中心获得的利润中有该利润中心不可控因素的影响，则必须进行调整。将利润中心的实际责任利润与责任利润预算进行比较，可以反映出利润中心责任利润预算的完成情况。

不同类型、不同层次的利润中心的可控范围不同，用于评价的责任利润指标也不同，具体有毛利、贡献毛益和营业利润三种不同层次的收益形式。

（3）投资中心。投资中心不仅要对成本、利润负责，而且必须对投资收益负责。因而对投资中心进行业绩考评时，既要评价其成本和收益的状况，还要结合其投入资金全面衡量其投资报酬率的大小和投资效果的好坏。一般来说，投资中心的业绩考评有两个重要的财务指标：投资报酬率和剩余收益。

3. 试简述平衡计分卡的基本框架和应用步骤。

答：平衡计分卡主要包括四个维度：

（1）财务维度。尽管财务指标的及时性和可靠性受到质疑，但是财务指标仍然具有其他指标不可替代的功能。财务绩效指标可显示企业的战略及其实施和执行是否正在为最终经营结果的改善做出贡献。财务方面指标衡量的主要内容是：收入的增长、收入的结构、降低成本、提高生产率、资产的利用和投资战略等。

（2）客户维度。平衡计分卡要求企业将使命和策略诠释为具体的与客户相关的目标和要点，在这个过程中企业应当关注是否满足核心客户的需求，而不是企图满足所有客户的偏好。客户维度指标衡量的主要内容包括市场份额、老客户挽留率、新客户获得率、客户满意度、从客户处获得的利润率等。

（3）内部运营维度。建立平衡计分卡的顺序，通常是在先制定财务和客户方面的目标和指标后，才制定企业内部运营维度的目标和指标。这个顺序使企业能够抓住重点，专心衡量那些与股东和客户目标息息相关的流程。内部运营维度指标主要涉及企业的改良、创新过程、经营过程和售后服务过程。

（4）学习与成长维度。学习与成长的目标为其他三个方面的宏大目标提供了基础架构，是驱使上述平衡计分卡三个方面获得卓越成功的动力。学习与成长维度指标涉及员工的能力、信息系统的能力以及激励、授权和相互配合等。

平衡计分卡的发展过程中特别强调描述策略背后的因果关系，借助客户维度、内部运营维度、学习与成长维度评估指标的完成而达到最终的财务目标。

每个企业都可以根据自身的情况来设计各自的平衡计分卡，大体上可以遵循以下几个步骤：（1）定义企业战略；（2）就战略目标取得一致意见；（3）选择和设计评价指标；（4）制定实施计划。

六、计算题

1. 答：

（1）该投资中心的投资报酬率。

$$\text{投资报酬率}=\frac{\text{营业利润}}{\text{投资占用额}}=\frac{2\,500}{10\,000}\times 100\%=25\%$$

（2）对整个企业来说，由于新项目的投资报酬率高于资本成本率，应当利用这个投资机会，但是对于投资中心来说，此时

$$\text{投资报酬率}=\frac{\text{营业利润}}{\text{投资占用额}}=\frac{2\,500+700}{10\,000+5\,000}\times 100\%=21.3\%<25\%$$

所以投资中心会放弃这个项目。如果使用剩余收益作为评价标准，此时

$$\begin{aligned}\text{部门剩余收益}&=\text{部门贡献毛益}-\text{部门资产总额}\times\text{资本成本率}\\&=2\,500-10\,000\times 10\%=1\,500(\text{万元})\end{aligned}$$

接受投资方案后剩余收益＝部门贡献毛益－部门资产总额×资本成本率

＝(2 500＋700)－(10 000＋5 000)×10%

＝1 700(万元)＞1 500 万元

所以，应该接受新项目。

2. 答：

(1) 由于资产收益率＞资本成本率，企业获利 5%，应该投资。

(2) 根据表 11－1 资料计算甲项目 EVA 现值。

$$\begin{aligned} EVA\text{现值} &= 50\times(P/F,10\%,1)+40\times(P/F,10\%,2)+30 \\ &\quad \times(P/F,10\%,3)+20\times(P/F,10\%,4)+10\times(P/F,10\%,5) \\ &= 50\times0.909+40\times0.826+30\times0.751+20\times0.683+10\times0.621 \\ &= 120.89(\text{万元}) \end{aligned}$$

该项目为企业创造的 EVA 现值为 120.89 万元，值得投资。

(3) 部门 1 乙项目的投资收益率为 18%，大于资本成本率，因而 EVA＞0；而部门 2 丙项目的投资收益率为 8%，小于资本成本率，因而 EVA＜0，部门 2 毁灭了价值。应该从部门 2 撤回投资。

(4) 根据表 11－2 资料计算部门 2 撤出的未来 EVA 的现值。

$$\begin{aligned} EVA\text{现值} &= 56\times(P/F,10\%,1)+44.8\times(P/F,10\%,2)+33.6 \\ &\quad \times(P/F,10\%,3)+22.4\times(P/F,10\%,4)+11.2\times(P/F,10\%,5) \\ &= 56\times0.909+44.8\times0.826+33.6\times0.751+22.4\times0.683 \\ &\quad +11.2\times0.621 \\ &= 135.4(\text{万元}) \end{aligned}$$

也就是说部门 2 的存在毁灭了 14.51 万元（120.89－135.4）的企业价值。如果从部门 2 这样的价值毁灭性部门或项目里抽回资本，就能提高企业价值。

教材习题解析

一、思考题

1. 如果企业的利润率由 10%提高到 15%，作为投资人，你将如何进行评价？你认为利润率指标在评价中有何缺点？

答：不能简单地认为企业业绩有了很大的提高。利润率是由利润和收入计算得出的，是基于利润的业绩考核与评价标准，相对于其他业绩考评指标有一定的缺点。(1) 利润的计算依赖财务报表中的历史数据，仅能反映过去某段时间企业的经营成果，无法体现企业未来的发展状况。(2) 以利润为导向的评价指标仅反映财务信息，而没有体现管理层主观努力的效果和公司内部运营的状况。(3) 没有考虑货币时间价值，因此可能激励了短期行为，为了降低成本而放弃更新设备、开发新产品等活动，从而损害了企业长期利益。(4) 不能有效地考虑风险因素，无法正确反映企业目标。

2. 考核评价指标从基于利润到剩余收益再到EVA的发展说明了什么？

答：由于利润是企业一定期间经营收入和经营成本、费用的差额，基于利润的业绩考核与评价指标反映了当期经营活动中投入与产出对比的结果，但是由于利润是根据会计报表信息直接计算出来的，而会计报表的编制受到会计制度的约束，因而不能准确反映企业的财务状况和经营成果。利润的计算没有扣除企业权益资本的成本，导致成本计算不完全，因此无法准确判断企业为股东创造的财富数量，只能在一定程度上体现企业经营效益的高低。而剩余收益评价指标是根据企业获得的利润，扣除其净资产占用额（或投资额）按照规定或预期的最低收益率计算的投资收益后的余额，是一个部门的营业利润超过其预期最低收益的部分。EVA评价指标则充分考虑投入资本的机会成本，它可以提供一种可靠的尺度来反映管理行为是否增加了股东财富，以及增加股东财富的数量。企业EVA持续增长意味着公司市场价值的不断增加和股东财富的增加，从而实现股东财富最大化的财务目标。

3. 投资中心应设置哪些业绩考核指标？这些指标之间有什么关系？

答：投资中心是指除了能够控制成本、收入和利润之外还能对投入的资金进行控制的中心。一般来说，投资中心的业绩考评有两个重要的财务指标：投资报酬率和剩余收益。

投资报酬率是投资中心一定时期的营业利润和该期的投资占用额之比，是从一项投资活动中得到的经济回报。它全面评价了投资中心各项经营活动，是业绩考评的综合性指标，并且能用于不同规模投资活动的横向比较。但是投资报酬率也有其局限性。它可能会让管理者拒绝接受超出企业平均水平的投资报酬率而低于该投资中心报酬率的投资项目，有损企业整体利益；此外，它还可能导致决策的短期行为而损害企业的长期利益。

剩余收益是指投资中心获得的利润，扣除其投资额按规定的最低收益率计算的投资收益后的余额，是一个部门的营业利润超过其预期最低收益的部分。

剩余收益和投资报酬率可以起到互补作用，剩余收益弥补了投资报酬率的不足，可以在投资决策方面使投资中心利益与企业整体利益取得一致，并且剩余收益允许不同的投资中心使用不同的风险调整资本成本率。

4. 如何理解成本可控与否是相对的？这与责任中心所处管理层次的高低、管理权限的大小以及控制范围的大小有直接关系吗？

答：成本的可控与不可控是相对而言的，这与责任中心所处管理层次的高低、管理权限的大小以及控制范围的大小有直接关系。对企业来说，所有成本都可以视为可控成本，一般不存在不可控成本；而对于企业内部的各个部门、车间、班组来说，则既有其各自专属的可控成本，又有其各自的不可控成本。一项成本对于较高层次的责任中心来说属于可控成本，对于其下属的较低层次的责任中心来说，可能就是不可控成本；反过来，较低层次责任中心的可控成本一定是其上级较高层次责任中心的可控成本。如生产车间发生的工艺布局费用对于生产车间而言属于可控成本，但对于其下属的班组来说则属于不可控成本。责任中心当期发生的各项可控成本之和就是它的责任成本。

5. 经济附加值（EVA）考核的是企业利润吗？

答：不是。

第一，EVA 度量的是资本利润，而不是通常的企业利润。EVA 从资本提供者角度出发，度量资本在一段时期内的净收益。只有净收益高于资本的社会平均收益（资本维持“保值”需要的最低收益），资本才能增值。而企业利润衡量的是企业一段时间内产出和消耗的差异，并不关注资本的投入规模、投入时间、投入成本和投资风险等重要因素。

第二，不同投资者在不同环境下，对资本具有不同的获利要求。EVA 剔除了资本的“个性”特征，同一风险水平的资本的最低收益要求并不因持有人和具体环境不同而不同。因此，EVA 度量的是资本的社会利润，而不是具体资本在具体环境中的个别利润，这使 EVA 度量有了统一的标尺，并体现了企业对所有投资的平等性。

第三，EVA 度量的是资本的超额收益，而不是利润总额。为了留住逐利的资本，企业的利润率不应低于相同风险的其他企业一般能够达到的水平，这个“最低限度的可以接受的利润”就是资本的正常利润。EVA 度量的正是高出正常利润的那部分利润，而不是通常的利润总额。

6. 如何看待业绩考核要兼顾财务指标和非财务指标？

答：兼顾财务指标和非财务指标的业绩考评指标体系是比较科学的。传统的业绩考评指标体系只关注以收益为基础的财务数据，这仅能衡量过去决策的结果，无法评估未来的绩效表现，容易误导企业的发展方向。同时，当财务指标成为企业绩效考评的唯一指标时，容易使经营者过分注重短期财务结果。在一定程度上，也使经营者变得急功近利，有强烈动机操纵报表上的数据，而不愿就企业长期战略目标进行资本投资。所以，将财务指标和非财务指标综合起来的业绩考评指标体系在定量考评和定性考评之间、客观考评和主观考评之间、组织短期增长和长期增长之间寻求平衡，更能全面有效地评价企业业绩。

二、练习题

1. 答：

甲公司有关财务比率数据见表 11－3。

表 11-3 财务比率数据表 单位：元

时间	权益报酬率	资产报酬率	权益乘数	销售净利率	资产周转率
20×6年	14.93%	7.39%	2.02	4.53%	1.63
20×7年	12.12%	6%	2.02	3%	2

（1）从两个年度比较看，权益报酬率降低了2.81%，说明对投资者的回报水平下降了。

（2）权益报酬率降低2.81%的原因是资产报酬率降低了1.39%，说明资产的盈利能力下降了。该企业对负债的利用维持了上一年的水平。

（3）资产报酬率降低1.39%的不利影响在于销售净利率降低了1.53%，说明产品的盈利能力下降了。但资产周转率加快了，说明资产的利用水平提高了。

（4）该企业面临的最大问题是产品盈利能力下降问题。

2. 答：

（1）该分部的投资报酬率＝500 000/2 000 000×100%＝25%

（2）该分部的投资报酬率＝3 000 000/30 000 000×100%＝10%

比较而言，投资报酬率为25%的分部比投资报酬率为10%的分部做得更好，因为更高的投资报酬率体现了该分部更高的综合盈利能力。

3. 答：

（1）未裁掉两个亏损部门（软件产品事业部、IT服务事业部）前的总利润：

9 000－11 000－12 000＝－14 000(元)

裁掉两个亏损部门（软件产品事业部、IT服务事业部）后的总利润：

9 000－(1 000＋5 000)－(2 000＋15 000)＝－14 000(元)

所以裁掉这两个亏损部门不会增加公司总利润。

（2）只要边际贡献为正，这个部门就不应该被裁。

软件产品事业部的边际贡献＝50 000－25 000－10 000－20 000
＝－5 000(元)

IT服务事业部的边际贡献＝70 000－30 000－30 000－5 000＝5 000(元)

所以软件产品事业部应该被裁，而IT服务事业部不应该被裁。此时

公司总利润＝9 000－(1 000＋5 000)－12 000＝－9 000(元)

公司增加了5 000元的净利润。

第 12 章 Chapter 12 管理会计报告

学习目标

通过本章的学习，帮助同学们了解管理会计报告的概念和基本分类，以及管理会计报告的不同形式，从而掌握管理会计报告与财务会计报告的区别以及不同管理会计报告的内容和作用。

学习指导

1. 学习重点

（1）了解管理会计报告的概念，在相互联系的基础上掌握管理会计报告与财务会计报告的区别。

（2）了解管理会计报告的分类以及与前述各章内容的关联关系。

（3）了解管理会计报告的不同形式，并掌握不同管理会计报告的内容和作用。

2. 学习难点

（1）了解管理会计报告与前述各章内容的关联联系。

（2）熟练掌握不同的管理会计报告的内容以及各自的作用。

练习题

一、名词解释

1. 管理会计报告
2. 战略层管理会计报告
3. 经营层管理会计报告
4. 业务层管理会计报告

二、判断题（正确的划√，错误的划×）

1. 企业内部流转着各种报告形式的文本，如战略规划报告、人力资源报告、研究开发报告、绩效评价报告等，所有这些内部报告都是管理会计报告。（　　）

2. 管理会计的目标就是管理会计报告的终极目标。（　　）

3. 战略层管理会计报告需要细微和局部的信息，帮助制定战略的信息，以及对战略执行情况反馈，帮助进一步优化资源配置的信息。（　　）

4. 经营层需要对接战略层，根据战略层的战略意图进行本管理层级的管理，保证其部门的顺畅运行和资源的合理使用。（　　）

5. 业务层管理会计报告应根据企业内部各部门、车间或班组的核心职能或经营目标进行设计。（　　）

6. 图表式的管理会计报告往往能够准确测定数据。（　　）

三、单项选择题

1. 下列属于管理会计报告的编制原则的是（　　）。

A. 准确原则　　B. 客观原则

C. 及时原则　　D. 一致原则

2. 企业管理会计报告可以按照多种标准进行分类，其中，按照（　　）分类是最能体现不同管理、不同需要的基本分类。

A. 企业管理会计报告使用者所处的管理层级

B. 企业管理会计报告内容

C. 管理会计功能

D. 责任中心

3. 业务层管理会计报告不包括（　　）。

A. 资金管理报告　　B. 配送业务报告

C. 售后服务业务报告　　D. 研究开发报告

4. 表格式报告的优点是（　　）。

A. 保证了重要信息不被淹没在细节之中

B. 变化趋势清晰易懂

C. 直观

D. 提供详尽的数据

5. 下列不属于管理会计报告中常见的非财务信息的是（　　）。

A. 市场份额及变动趋势　　B. 净利润

C. 开发新流程的时间　　D. 新产品销售数量及变动趋势

四、多项选择题

1. 下列属于管理会计报告的编制原则的有（　　）。

A. 成本收益原则　　B. 标准化原则

C. 比较原则　　D. 例外原则

E. 客观原则

2. 战略管理报告的内容包括（　　）。

A. 内外部环境分析　　B. 战略选择与目标设定

C. 战略评价　　D. 主要风险识别与评估

E. 股权变更

3. 经营层管理会计报告通常包括（　　）。

A. 投资分析报告　　B. 成本管理报告

C. 绩效评价报告　　D. 融资分析报告

E. 经营分析报告

4. 业务层管理会计报告通常包括（　　）。

A. 生产业务报告　　B. 销售业务报告

C. 采购业务报告　　D. 人力资源报告

E. 项目可行性报告

5. 图表式的管理会计报告包括（　　）。

A. 曲线图　　B. 摘要式

C. 柱形图　　D. 鱼骨图

E. 表格式

五、简答题

1. 试简述管理会计报告与财务会计报告的关系。

2. 试简述管理会计报告的基本分类。

3. 试简述管理会计报告的形式及其特点。

4. 试简述管理会计报告的流程。

练习题参考答案

一、名词解释

1. 管理会计报告，是指企业运用管理会计方法，根据财务和业务的基础信息加工整理形成的，满足企业价值管理需要的内部报告。

2. 战略层管理会计报告，是为战略层开展战略规划、决策、控制和评价以及其他方面的管理活动提供相关信息的对内报告。

3. 经营层管理会计报告，是为经营管理层开展与经营管理目标相关的管理活动提供相关信息的对内报告。

4. 业务层管理会计报告，是为企业开展日常业务或作业活动提供相关信息的对内报告，其报告的对象是企业的业务部门、职能部门以及车间、班组等。

二、判断题

1. × 2. √ 3. × 4. √

5. √ 6. ×

三、单项选择题

1. C 2. A 3. A 4. D

5. B

四、多项选择题

1. ABCD 2. ABC 3. ABCD 4. ABCD

5. ACD

五、简答题

1. 试简述管理会计报告与财务会计报告的关系。

答：管理会计报告和财务会计报告之间既有区别，又有联系。

（1）两者的联系体现在：第一，两者均以企业整体经营活动为基础，通过财务信息以及非财务信息为企业内外的利益相关者提供决策支持，是现代会计信息系统中两个核心子系统。第二，管理会计报告弥补了财务会计报告的不足。管理会计报告更详尽和具体地揭示了公司运营管理、战略实施，乃至风险管理的各个方面。财务会计报告有一套规范的概念、准则、原则体系，一方面使得不同企业的会计信息可比，便于信息使用者比较分析，但另一方面也妨碍了内部管理者根据管理的需要从新的维度来进行分析和阐释信息。管理工作所需要的机动性和动态性，使得管理者对信息的要求也机动、动态、多维度。管理会计报告与财务会计报告结合，可以为内部管理者和外部信息使用者提供更综合的信息。第三，管理会计报告与财务会计报告互相影响和促进。内部与外部的划分是相对的，有些本属于内部管理会计报告的内容在对外披露时，也会作为财务会计报告的附属部分。外部信息使用者对信息的诉求会使得信息披露规则发生变化，原本管理会计报告的内容也可能会进入对外披露之列。企业也会出于种种考虑，自愿披露一些管理会计报告的信息。企业管理者在进行管理会计决策时，也会利用财务会计报告，此时财务会计报告也变成了管理会计报告的一部分。

（2）两者的区别体现在：管理会计报告和财务会计报告在编制基础、服务对象、报告内容、报告的范围、报告的期间、计量方式、信息类型、规范要求等方面存在诸多差异。两者之间的区别实质上就是管理会计与财务会计的区别在报告这一呈现形式上的体现。表12-1展示了管理会计报告与财务会计报告的区别。

表12-1 管理会计报告与财务会计报告的区别

项目	管理会计报告	财务会计报告
编制基础	财务信息和非财务信息	财务信息为主
服务对象	服务于对管理会计信息有需求的各个层级、各个环节的管理者	主要服务于外部使用者
报告内容	不限于反映企业整体的经营活动情况，可以根据决策需要对某个局部、某个细节、某个流程、某个产品、某个责任人等编报各类相关信息	主要反映企业整体的财务状况、经营成果和现金流量情况
报告的范围	不限于历史信息，将影响企业未来决策相关的重要信息都纳入报告范围	主要反映历史信息
报告的期间	可以根据管理的需要和管理会计活动的性质设定报告期间。一般应以日历期间（月份、季度、年度）作为企业管理会计报告期间，也可以根据特定需要设定企业管理会计报告期间	定期编制，以月份、季度、年度作为会计报告期间
计量方式	不限于货币计量	货币计量
信息类型	数据信息与非数据信息并重，根据管理决策需要选取不同的信息类型	主要披露财务会计的数据信息，非数据信息只是数据信息的补充
规范要求	格式灵活	受会计准则等相关制度的规范，格式统一

2. 试简述管理会计报告的基本分类。

答：企业管理会计报告可以按照多种标准进行分类，包括但不限于：按照企业管理会计报告使用者所处的管理层级可以分为战略层管理会计报告、经营层管理会计报告和业务层管理会计报告；按照企业管理会计报告内容不同可以分为综合企业管理会计报告和专项企业管理会计报告；按照管理会计功能可以分为管理规划报告、管理决策报告、管理控制报告和管理评价报告；按照责任中心可以分为投资中心报告、利润中心报告和成本中心报告；按照报告主体整体性程度可以分为整体报告和分部报告。

3. 试简述管理会计报告的形式及其特点。

答：(1) 图表式报告。图表式报告比单纯的数字更直观，使得变化趋势或者数据之间的关系更为清晰易懂。图表可以让读者比较容易把握主要因素之间的关系，或者直切要害。但图表往往不能准确测定数据。

(2) 摘要式报告。在向战略层提供管理会计报告时，需要有针对性选择他们关心的重要数据进行摘要报告。虽然摘要式报告没有提供所有的细节，但正是摘要保证了重要信息不被淹没在细节之中。

(3) 表格式报告。表格式报告集中于提供详细的数据，注重从数据出发来说明经营管理中的问题，它不追求直观，也不仅停留于大的概要方面，而是通过详尽的数据来说明问题。

4. 试简述管理会计报告的流程。

答：管理会计报告流程包括报告的编制、审批、报送、使用等环节。管理会计报告由管理会计信息归集、处理并报送的责任部门编制。企业应根据报告的内容、重要性和报告对象等，确定不同的审批流程，经审批后的报告方可报出。企业管理会计报告可以根据报告性质、管理需要进行逐级报送或直接报送。由于管理会计报告会比对外报告揭示更多的细节，为了保护企业的商业机密，企业应建立管理会计报告使用的授权制度，报告使用人应在权限范围内使用企业管理会计报告。

教材习题解析

一、思考题

1. 什么是管理会计报告？它有哪些基本作用？

答：(1) 根据财政部2017年发布的《管理会计应用指引第801号——企业管理会计报告》：管理会计报告是指企业运用管理会计方法，根据财务和业务的基础信息加工整理形成的，满足企业价值管理和决策支持需要的内部报告。

(2) 管理会计报告试图去归纳、设计、规范管理会计的信息输出，以更好地实现管理会计工作的目标。管理会计报告的边界与管理会计的边界相同，管理会计覆盖哪些内容和方面，作为管理会计工作呈现方式之一的管理会计报告就需要努力去覆盖那些内容和方面。管理会计的目标就是管理会计报告的终极目标。企业可以通过管理会计报告去设计和打造一个上下联通的信息沟通和控制渠道，使管理者的决策能力和员工的执行能力在瞬息万变的经营环境下始终与公司战略保持一致，从而持续地提升公司价值。

2. 管理会计报告与财务会计报告的主要区别和联系是什么？

答：(1) 管理会计报告和财务会计报告之间既有区别，又有联系。其联系体现在：第一，两者均以企业整体经营活动为基础，通过财务信息以及非财务信息为企业内外的利益相关者提供决策支持，是现代会计信息系统中两个核心子系统。第二，管理会计报告弥补了财务会计报告的不足。管理会计报告更详尽和具体地揭示了公司运营管理、战略实施，乃至风险管理的各个方面。财务会计报告有一套规范的概念、准则、原则体系，一方面使得不同企业的会计信息可比，便于信息使用者比较分析，但另一方面也妨碍了内部管理者根据管理的需要从新的维度来进行分析和阐释信息。管理工作所需要的机动性和动态性，使得管理者对信息的要求也机动、动态、多维度。管理会计报告与财务会计报告结合，可以为内部管理者和外部信息使用者提供更综合的信息。第三，管理会计报告与财务会计报告互相影响和促进。内部与外部的划分是相对的，有些本属于内部管理会计报告的内容在对外披露时，也会作为财务会计报告的附属部分。外部信息使用者对信息的诉求会使得信息披露规则发生变化，原本管理会计报告的内容也可能会进入对外披露之列。企业也会出于种种考虑，自愿披露一些管理会计报告的信息。企业管理者在进行管理会计决策时，也会利用财务会计报告，此时财务会计报告也变成了管理会计报告的一部分。

(2) 两者的区别体现在，管理会计报告和财务会计报告在编制基础、服务对象、报告内容、报告的范围、报告的期间、计量方式、信息类型、规范要求等方面存在诸多差异。两者之间的区别实质上就是管理会计与财务会计的区别在报告这一呈现形式上的体现。表 12-2 展示了管理会计报告与财务会计报告的区别。

表 12-2 管理会计报告与财务会计报告的区别

项目	管理会计报告	财务会计报告
编制基础	财务信息和非财务信息	财务信息为主
服务对象	服务于对管理会计信息有需求的各个层级、各个环节的管理者	主要服务于外部使用者
报告内容	不限于反映企业整体的经营活动情况，可以根据决策需要对某个局部、某个细节、某个流程、某个产品、某个责任人等编报各类相关信息	主要反映企业整体的财务状况、经营成果和现金流量情况
报告的范围	不限于历史信息，将影响企业未来决策相关的重要信息都纳入报告范围	主要反映历史信息
报告的期间	可以根据管理的需要和管理会计活动的性质设定报告期间。一般应以日历期间（月份、季度、年度）作为企业管理会计报告期间，也可以根据特定需要设定企业管理会计报告期间	定期编制，以月份、季度、年度作为会计报告期间
计量方式	不限于货币计量	货币计量
信息类型	数据信息与非数据信息并重，根据管理决策需要选取不同的信息类型	主要披露财务会计的数据信息，非数据信息只是数据信息的补充
规范要求	格式灵活	受会计准则等相关制度的规范，格式统一

3. 战略层管理会计报告编制的主要依据和方法有哪些?

答：战略层管理会计报告包括但不仅限于战略管理报告、综合业绩报告、价值创造报告、经营分析报告、风险分析报告、重大事项报告、例外事项报告等。

(1) 战略管理报告。报告的内容一般包括内外部环境分析、战略选择与目标设定、战略执行及其结果以及战略评价等。战略管理报告一般是在 SWOT 分析、价值链分析等战略分析基础上，侧重于本企业与竞争对手的优劣对比，列示竞争优势获取的要素（如产品、市场份额、定价、成本、产量等方面的信息），并依此制定企业竞争战略、设定竞争目标、规划战略执行的路径和方法、进行战略评价。

(2) 综合业绩报告。报告的内容一般包括关键绩效指标预算及其执行结果、差异分析以及其他重大绩效事项等。综合业绩报告是在设定竞争目标的基础上，基于竞争优势获取的要素确定关键绩效指标，依此编制战略预算（通常表现为企业的资本预算），在战略执行中对预算执行结果进行差异分析，并修订和完善战略。

(3) 价值创造报告。报告的内容一般包括价值创造目标、价值驱动的财务因素与非财务因素、内部各业务单元的资源占用与价值贡献，以及提升公司价值的措施等。

(4) 经营分析报告。报告的内容一般包括过去经营决策执行情况回顾、本期经营目标执行的差异及其原因、影响未来经营状况的内外部环境与主要风险分析、下一期的经营目标及管理措施等。

(5) 风险分析报告。报告的内容一般包括企业全面风险管理工作回顾、内外部风险因素分析、主要风险识别与评估、风险管理工作计划等。

(6) 重大事项报告。是针对企业的重大投资项目、重大资本运作、重大融资、重大担保事项、关联交易等事项进行的报告。

(7) 例外事项报告。是针对企业发生的管理层变更、股权变更、安全事故、自然灾害等偶发性事项进行的报告。

4. 各经营层管理会计报告与前述相应章节之间的主要关联是什么？

答：(1) 全面预算管理报告。报告的内容一般包括预算目标制定与分解、预算执行差异分析以及预算考评等。其中，反映预算目标制定与分解的全面预算管理报告，其基本种类、格式和内容可以参考教材第10章；反映预算执行差异分析以及预算考评的全面预算管理报告，其基本种类、格式和内容可以参考教材第8章。

(2) 投资分析报告。报告的内容一般包括投资对象、投资额度、投资结构、投资进度、投资效益、投资风险和投资管理建议等。其中，综合反映投资经济可行性评价的投资分析报告（如现金流量预测、投资决策指标的选择、项目可行性评估等）可以参考教材第7章。

(3) 成本管理报告。报告的内容一般包括成本预算、实际成本及其差异分析，成本差异形成的原因以及改进措施等。其中，反映成本预测和成本预算的成本管理报告的基本种类、格式和内容可以分别参考教材第4章、第8章和第10章等；反映实际成本及其差异分析、成本差异形成的原因以及改进措施等的成本管理报告的基本种类、格式和内容可以分别参考教材第8章、第9章。

(4) 业绩评价报告。报告的内容一般包括绩效目标、关键绩效指标、实际执行结果、差异分析、考评结果以及相关建议等。业绩评价报告可以以企业或责任中心为主体编制，其关键绩效指标可以是利润、利润率、EVA 等，编制方法可以基于财务指标也可以基于财务指标和非财务指标的结合（如平衡计分卡），其基本种类、格式和内容可以参考教材第 11 章。

5. *你认为管理会计报告编制最重要的要求是什么？*

管理会计报告的最根本目的是支持管理决策、提升企业价值。对于管理会计报告的各种编制原则，在不同情境下不同原则的重要性和意义也会有所差异。但一般来讲，最重要的要求是责任匹配原则和成本收益原则。责任匹配原则强调报告应该服务于不同层级的管理者，只有与之匹配才能更好地创造价值。成本收益原则是制约因素，片面追求高大上和全面，不考虑成本也无法创造价值。

二、计算题

1. 答：

全部产品生产成本表填列如表 12-3 所示。

表 12-3　全部产品生产成本表（按产品种类反映）

20××年 12 月　　　　金额单位：元

产品名称	实际产量（件）		单位成本				本月总成本		
	本月	本年累计	上年实际平均	本年计划	本月实际	本年累计实际平均	按上年实际平均单位成本计算	按本年计划单位成本计算	本月实际
可比产品									
合计							53 000	46 000	48 100
其中：A	500	4 000	80	70	75	72	40 000	35 000	37 500
B	200	3 000	65	55	53	52	13 000	11 000	10 600
不可比产品									
合计								22 000	21 800
其中：C	60	400		100	90	110		6 000	5 400
D	80	800		200	205	210		16 000	16 400
全部产品成本合计								68 000	69 900

2. 答：

产品产量的影响＝1 800 000－1 600 000＝200 000(元)

单位产品工时的影响＝1 620 000－1 800 000＝－180 000(元)

小时工资率的影响＝1 944 000－1 620 000＝324 000(元)

影响合计＝200 000－180 000＋324 000＝344 000(元)

图书在版编目(CIP)数据

《管理会计学（第9版·立体化数字教材版）》学习指导书/孙茂竹，支晓强，戴璐编著. --北京：中国人民大学出版社，2020.11

中国人民大学会计系列教材

ISBN 978-7-300-28738-6

Ⅰ.①管… Ⅱ.①孙…②支…③戴… Ⅲ.①管理会计-高等学校-教学参考资料 Ⅳ.①F234.3

中国版本图书馆CIP数据核字（2020）第210430号

国家级优秀教学成果奖

“十二五”普通高等教育本科国家级规划教材 配套参考书

中国人民大学会计系列教材

《管理会计学（第9版·立体化数字教材版）》学习指导书

孙茂竹　支晓强　戴　璐　编著

《Guanli Kuaijixue (Di 9 Ban · Litihua Shuzi Jiaocai Ban)》 Xuexi Zhidaoshu

出版发行	中国人民大学出版社		
社　址	北京中关村大街31号	**邮政编码**	100080
电　话	010－62511242（总编室）		010－62511770（质管部）
	010－82501766（邮购部）		010－62514148（门市部）
	010－62515195（发行公司）		010－62515275（盗版举报）
网　址	http://www.crup.com.cn		
经　销	新华书店		
印　刷	北京鑫丰华彩有限公司		
规　格	185 mm×260 mm　16开本	**版　次**	2020年11月第1版
印　张	12.75 插页1	**印　次**	2021年1月第2次印刷
字　数	240 000	**定　价**	35.00元

教师教学服务说明

中国人民大学出版社财会出版分社以出版经典、高品质的会计、财务管理、审计等领域各层次教材为宗旨。

为了更好地为一线教师服务，近年来财会出版分社着力建设了一批数字化、立体化的网络教学资源。教师可以通过以下方式获得免费下载教学资源的权限：

在中国人民大学出版社网站 www.crup.com.cn 进行注册，注册后进入“会员中心”，在左侧点击“我的教师认证”，填写相关信息，提交后等待审核。我们将在一个工作日内为您开通相关资源的下载权限。

如您急需教学资源或需要其他帮助，请在工作时间与我们联络：

中国人民大学出版社　财会出版分社

联系电话：010-62515987，62511076

电子邮箱：ckcbfs@crup.com.cn

通讯地址：北京市海淀区中关村大街甲 59 号文化大厦 1501 室（100872）